AF363427

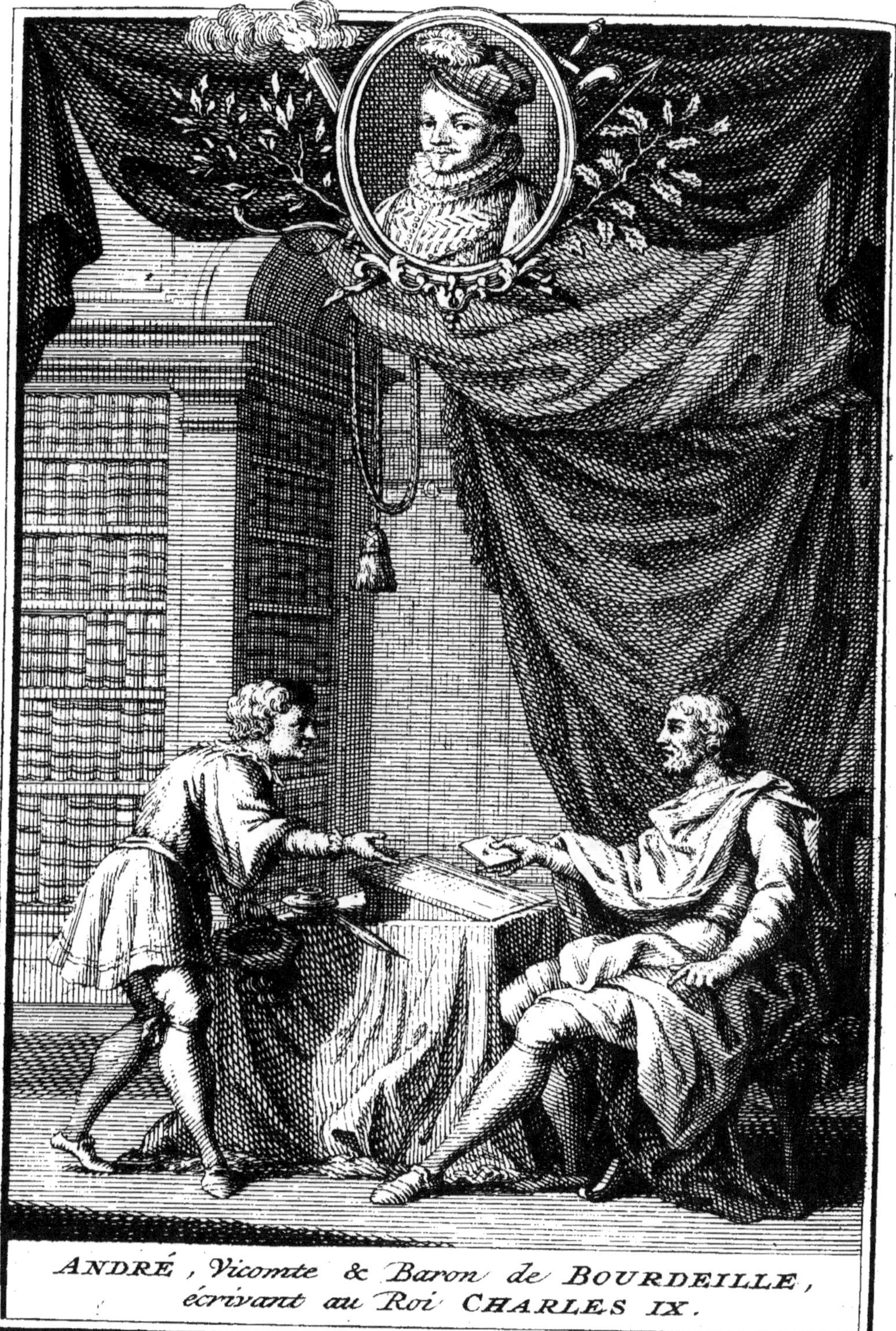

ANDRÉ, *Vicomte* & *Baron de* BOURDEILLE, *écrivant au Roi* CHARLES IX.

I. v. Schley del. et sculp. 1740.

OEUVRES

DU SEIGNEUR

DE BRANTOME:

NOUVELLE EDITION,

Considérablement Augmentée,
& accompagnée de Remarques
Historiques & Critiques.

TOME QUATORZIEME,

CONTENANT

Les Lettres d'André de Bour-
deille aux Roys Charles IX,
Henry III, et Catherine leur
Mere; avec leurs Réponses.

A LA HAYE,
Aux Dépens du Libraire,
M. DCC XL.

BIBLIOTHÈQUE DE L'ARSENAL

LETTRES

DU
SEIGNEUR
ANDRE' DE
BOURDEILLE

AUX ROYS
CHARLES IX,
HENRY III,
LA REYNE LEUR MERE,
ET AULTRES;
AVEC LEURS
RESPONSES.

Tome XIV.   A

ADVERTISSEMENT.

EN ce *present Livre font contenues les* LETTRES *que le Seigneur* (1) *de* BOURDEILLE, *a efcript au Roy* (2), *à la Reyne-Mere, & à Monfieur le Duc* (3); *enfemble les* RESPONS *de Leurs Majeftez, & aultres Lettres, envoyées au-dit Seigneur en l'An plus bas efcript, y mifes & inferées par* I. D. L. *par le Commandement du-dit Seigneur de* BOURDEILLE, *Vifcomte, Baron du-dit Lieu, Seigneur*

(1) ANDRE'.
(2) Charles IX & au Roy Henry III,
(3) d'Alençon.

A 2

ADVERTISSEMENT.

gneur des Chaſtellenies de la Tour-
blanche, Archiac, Matas, & la
Commarche, Chevalier de l'Ordre
du Roy, Capitaine de cinquante
Hommes - d'Armes de ſes Ordonnances, Conſeiller en ſon Conſeil privé, & Seneſchal de Perigord.

M. D. LXXIV.

LET-

LETTRES
DU
SEIGNEUR
ANDRE' DE
BOURDEILLE
AUX ROYS
CHARLES IX, HENRY III,
LA REYNE LEUR MERE,
ET AULTRES.
AVEC LEURS RESPONSES.

LETTRE I.
DU ROY CHARLES IX. A MON-SEIGNEUR DE BOURDEILLE.

De la Fere, le 25 Octobre 1573.

Mr. DE BOURDEILLE,

JE voy la Corruption des Mœurs facroiftre & augmenter tous les Jours en mon Royaulme, fans que les Remedes que je meffforce y appliquer par Doulceur & Severité puiffent

A 3

fent

sent arrester le Cours de ce Mal, dont
je porte ung extrême Regret, pour
le Desir que jay tousjours eu de rendre mon Regne heureux à mes Subjects, qui est la plus glorieuse Memoire que je puisse laysser à la Posterité.
Je sçay bien que les Troubles & Guerres
Civiles ont donné Occasion à ce Mal.
Mais, il est aussi aysé à juger, que
les Cœurs mal affectionnez nouris-
sent & entretiennent la Division; à quoy
je desire pourvoir par tous les Moyens
que je pourray, avant que le Mal soit
du tout incurable.

ET parce que cestuy est interieur &
caché, & que la plus souveraine Recepte
de le bien cognoistre & sonder est
d'observer dilligemment les Mœurs &
Comportemens de mes Subjects de chas-
cune de mes Provinces, afin que je
me rende pleinement informé de ce que
je devray faire pour la Conservation
des Bons, & remettre les aultres au
Chemin de leur Debvoir; jay fait
Eslection de vous à ceste Fin, pour
le Pays de Perigord, ayant tousjours eu
telle Confidence en vostre Vertu, &
à l'Affection que vous avez au Bien de
mon Service & Repos de mon Estat,
que vous pourrez dignement vous ac-

quitter

quitter de cest Office, & aurez très-
agreable de vous y employer selon
mon Intention.

JE vous prie doncques, ayant receu ceste Lettre, de prendre l'Occasion de vous pourmener par ycelluy de
Ville en Ville & Lieux principaux, &
là vous instruire doulcement, & le plus
dextrement que vous pourrez, des
Comportemens des uns & des aultres;
premierement des Ecclesiastiques, quel
Debvoir ils rendent en leur Charges, &
sils font jouyssants de ce qui leur appartient, ou en Trouble. Comme se
comportent ceux de ma Noblesse, les
Querelles qui peuvent estre entre aulcuns deux portant Consequence. L'Ordre qui est en ma Justice. Ceux de mes
Officiers qui ont la Reputation de
bien sacquitter de leurs Charges. Quelle Inclination a le Peuple, & comme
Chascun vit lung avec lautre, & mesmes pour les Dissentions qui ont
esté pour le Faict de la Religion. En
somme, notter & observer tout ce que
vous jugerez appartenir au Bien du
Repos public.

CE faict, vous disposerez de me
venir trouver à Compiegne le vingtiesme de Janvier prochain, où je deli-

bere

bere me rendre incontinent aprés mon Voyage de Mets, affin de me dire particulierement ce que vous en avez apprins, & que vous ayant fur ce ouy je puiſſe pourvoir à ce que ſe trouvera neceſſaire, ainſin que je lay deliberé pour le Bien & Soulagement de mes Subjects. Aſſeuré que je tiendray ce Service lung des plus grands & importants que je puiſſe recepvoir de vous, & que jen auray ſi bonne Memoire, que vous naurez Regret de vous y eſtre employé : pryant Dieu, Monſieur de Bourdeille, vous avoir en ſa ſainɛte Garde.

Eſcript à la Fere, ce xxv Jour d'Octobre 1573.

Signé CHARLES.

Et plus bas, FIZES.

* * * * * * * * * * * * * * * * * *
* * * * * * * * * * * * * * * * * *

LETTRE II.
DU ROY CHARLES IX.

De Chalons, le 27 de Novembre 1573,

Mʳ. DE BOURDEILLE,

COMBIEN que je sois asseuré, que vous ne ferez Faute, en suivant ce que je vous ay escript par ma derniere, de vous rendre en ma Ville de Compiegne le vingtiesme du Mois de Janvier prochain, bien & amplement instruict de tout ce que je vous ay mandé, pour men rendre Compte par le menu : toutesfois, jay bien voulu vous faire ceste Recharge, vous pryant, dautant que vous desirez me faire Service agreable, & aymez le Bien & Repos de vostre Patrie, de vous retrouver sans y faillir au-dit Temps en ma-dite Ville, en laquelle jespere estre alors arrivé avecques la Reyne ma Dame & Mere, mon Frere le Duc d'Alençon, & les autres Princes, & Seigneurs de mon Conseil, qui sont allez conduire mon Frere le Roy de Poulogne jusques sur la Frontiere de

A 5

mon

mon Royaulme : &, fur la Rapport que me fairez de l'Eftat des Affaires de mon Pays de Perigord, donner une bonne & utile Provifion à tout ce qui fera neceffaire. Pryant Dieu, Monfieur de Bourdeille, vous avoir en fa Garde.

Efcript à Chalons, le vingtiefme Jour de Novembre 1573.

Signé CHARLES.

Et plus bas, DE NEUFVILLE.

LETTRE III.

DU SEIGNEUR DE BOURDEIL- LE AU ROY CHARLES IX.

envoyée par la Beylie, de Perigueux, le 13 de Mars 1574.

S IRE,
LE Jour du Lundy-gras, que les Perturbateurs du Repos public de voftre Royaulme fe font eflevez, j'ef-
tois

tois en Chemin pour aller trouver Vos
Majeſtez, ſuivant les Commandemens
quil vous avoit pleu me faire. Toutesfois, prevoyant, quil importoit
plus pour voſtre Service de men retourner au Pays de Perigord, que de
parachever mon Voyage, je mis Peyne de me rendre le plus dilligemment quil me fut poſſible dans la
Ville de Perigueux, Ville principale
du-dit Pays, où je trouvay tous les
Habitans en Armes, & en bonne Devotion de vous conſerver la-dite Ville. Et fus adverty, que la Ville de
Sarlac avoit eſté ſurpriſe par un Capitaine nommé Vivans, comme le
Seigneur de Loſſe vous a cy-devant
adverty. Et, en meſme inſtant, pour
maintenir & conſerver les autres Villes, & retenir les Seigneurs & Gentils-Hommes dycelluy Pays ſoubs voſtre Obeyſſance, y pourveus en la Forme & Maniere que vous diſcourrera
ce Gentil-Homme, que jenvoie expreſſement par-devers Vos Majeſtez,
par lequel vous ſupplie très-humblement, Sire, me commander ce que jay
affaire pour voſtre Service, & employerai Vie & Biens dauſſi bonne Volunté & Affection que, Sire, je prie Dieu

A 6

vous

vous maintenir en Santé très-longue, & très - heureuse Vie.

De Perigueux, ce xxiij Mars 1574.

LETTRE IV.

DU SEIGNEUR DE BOURDEILLE
A LA REYNE-MERE,

*envoyée par la Beylie, de Perigueux,
le 13 de Mars 1574.*

MADAME,

POUR le Desir que javois dobeyr aux Commandemens que le Roy voftre Fils mavoit faits par deux Lettres, je meftois mis en Chemin pour aller trouver Ses Majeftez. Et empefché par les Deffeins & Entreprinfes daulcungs Mutins & Seditieux de ce Royaulme, je nay voulu faire Faulte de faire certain Ses Majeftez & les Voftres de l'Eftre de ce Pays, par ce Gentil-Homme, auquel jay baillé Charge les vous faire entendre au long; par lequel vous

fup.

supplie très-humblement me commander
pour voltre Service, auquel me trouverez
tousjours autant affectionné que Subject & Serviteur que le Roy ayt en son
Royaulme : & à tant, Madame, je pryo-
ray Dieu vous conserver longuement en
Santé très-longue , & heureuse Vie.

De Perigueux, ce xxiij Mars 1574.

LETTRE V.

DU SEIGNEUR DE BOURDEILLE
AU DUC D'ALENÇON,

envoyée par la Beylie, le 13 de Mars
1574.

MONSEIGNEUR,

JE mestois acheminé jusques en ma
Maison de Matas, pour men aller
en Cour; mais, le Lundy-gras, estant
adverty que aulcungs Personnages de
la Religion pretendue Reformée ses-
toyent eslevez, je changeay d'Opinion,
prevoyant que le Service du Roy me
commandoit, pour le Debvoir de ma
Char-

de Senefchal de cefte Province , de men retourner en ycelle, pluftoft que de pourfuivre mon Voyage, affin de dilligemment pourvoir aux Affaires qui concerneroient le Service de Sa Majefté , pour après luy faire entendre comme toutes Chofes fe feroyent paffées, & à vous auffi , Monfeigneur, qui avez telle Charge & Puiffance en ce Royaulme que le Roy de Pologne avoit, dont je fuis grandement ayfe , & tous les bons Subjects du Roy, pour l'Efperance quils ont , que deformais vous mettrez Peyne de faire vivre le pauvre Peuple de ce Royaulme en Paix , Union , & Tranquillité , lefquels font fi affligez , quils nen peuvent plus , fi vous nobviez aux Deffeins des Perturbateurs du Repos commun & public , auquel sil ne y eft de brief pourveu , je crains grandement quil fera difficile de guerir cefte Maladie fans grande Perte & Dommage , de tant que le Mal croift de Jour à aultre. Et fi javois ceft Honneur deftre deux Heures près de vous, je vous dirois des Chofes lefquelles vous trouveriez eftranges & malicieufement inventées ; de façon que, fi le Roy, la Reyne-Mere, & vous, ny pourvoyez aultrement que par le

paf-

paffé, je crains de vous voir auffi petits Compaignons que moy. Vous fuppliant très-humblement, Monfeigneur, me pardonner fi je madvance à vous efcripre tels Mots; car, le Zele que jay à voftre Service, le me commande, voyant l'Eftat de ce Royaulme de Jour à aultre diminuer. Vous fuppliant très-humblement, encore un coup, de croire que je le dis pour la très-affectionnée Volunté que jay aux Services de Ses Majeftez & Voftre, avec laquelle je prie Dieu, Monfeigneur, vous donner autant de Grandeur & Profperité que vous defirez, & vous maintenir en bonne Santé très-longue, & heureufe Vie.

De Perigueux, ce xiij Mars 1574.

* * * * * * * * * * * * * * * * *
* * * * * * * * * * * * * * * * *

VI. INSTRUCTION

A LA BEYLIE, POUR REMONSTRER AU ROY.

DE faire entendre au Roy, à la Reyne-Mere, à Monfeigneur le Duc, que le Seigneur de Bourdeille eftoit party du Pays de Périgord, pour aller trouver leurs Majeftez : & le Lundy-gras dernier

nier, Heure d'une Heure après Minuit, avoir esté adverty, que, par tout ce Pays, ceux de la Religion pretendue Reformée s'estoient eslevez. A ceste Cause pour la Conservation du-dit Pays, en l'Heure-mesme seroit party du Lieu où il estoit, & se seroit rendu le plus dilligemment, quil avoit pu en la Ville de Perigueux.

Où il avoit trouvé tous les Habitans en Armes avec bonne Volunté & Affection de la maintenir & conserver soubs l'Obeyssance du Roy, comme pendant tous les aultres Troubles ils ont tousjours fait.

Combien la-dite Ville soit peu forte, & ny ayt aulcuns Estrangers, ny Gens de Guerre.

Et adverty, que la Ville de Sarlac avoit esté prinse par un Capitaine nommé Vivans, affin que aultres Villes, Chasteaux, Forts, dudit Pays ne fussent surprins, le-dit Seigneur de Bourdeille advertit promptement les Citoyens & Habitans dyceulx de faire bonne Garde, & aux Lieux foibles y envoya Forces.

Par mesme Moyen, prya par Lettres les Seigneurs & Gentils-Hommes dudit Pays, qui vivent selon la Religion

pre-

pretendue Reformée, de ne partir de
leurs Maifons, comme ils luy avoient
promis peu de Jours auparavant, en
faifant une Chevauchée par tout le
Pays de Perigord, & auffi de ne bailler Ayde, Secours, ne Faveur aux
Seditieux; ains quils vivroyent en
leurs Maifons, felon ce quil auroit
pleu au Roy leur commander & ordonner par fes derniers Ediéts, lesquels Sa Majefté defiroit entretenir,
quoyque aulcungs Seditieux & Mutins
fiffent courir le Bruit au contraire;
& de ce le-dit Seigneur de Bourdeille les
affeura.

ET, en cefte Affeurance les Seigneurs de Caumont, Beynac, Sainct-
Geniés, Longa, & plufieurs aultres
Gentils-Hommes, ne font partis de
leurs Maifons, ne auffi baillé aulcung Secours, Faveur, ne Ayde, aux-
dits Seditieux, que le-dit Seigneur
de Bourdeille ayt pu defcouvrir &
entendre.

AUQUEL defpuis par plufieurs Lettres ont promis, quils ne bailleroyent
Faveur ne ayde aux-dits Seditieux
& Perturbateurs du Repos public de
ce Royaulme, & quils trouvoient très-
mauvais ce que par ceulx-cy avoit efté

té faict : par ce, quil feroit bon, que
leurs Majeftez leur efcripviffent avoir
entendu par le-dit Seigneur de Bourdeille leurs Voluntez, affin de leur
augmenter la bonne Volunté quils
ont dobeyr aux Commandemens du
Roy.

AUSSI que le-dit Seigneur de Bourdeille a adverty tous les Gentils-Hommes & bons Subjects du Roy de fe tenir prefts avec leurs Chevaux & Armes,
pour fe rendre la Part qu'il leur mandera lors que les Occafions fe prefen-
teront pour le Service de Leurs Majeftez, & en attendant leurs Commandemens.

ET des aultres Affaires & Prinfe de
Sarlac, qui font furvenues par deça
depuis le-dit Jour du Lundy-gras, le-
dit Seigneur de Bourdeille en euft adverty le Roy pluftoft, nen euft efté
quil eftoit affeuré que le Seigneur de
Loffe avoit adverty Ses Majeftez du
tout, mefmes de la-dite Prife. Auffi,
que le-dit Seigneur de Bourdeille ne
vouloit donner aulcung Advertiffement
dont il ne fuft affeuré.

DESIRANT auffi par mefme Moyen
faire entendre à Leurs Majeftez bien
au long en quel Eftat eftoyent les

Affaires

Affaires de ceste Province, & l'Ordre que le-dit Seigneur avoit tenu, & tenoit, pour maintenir les Habitans de la-dite Province en l'Obeyssance de Leurs Majestez; les asseurant, que la-dite Ville de Sarlac a esté prinse d'Intelligence, que le Capitaine Vivans avoit, non-seulement avec ses Complices, mais aussi avec plusieurs Habitans de la-dite Ville Catholiques.

FAIRA aussi entendre à Leurs Majestez, que le Marquis de Trans a escript au-dit Seigneur de Bourdeille, que ceux, qui se font emparez de la Ville de Saincte-Foy, ont escript au-dit Marquis de pryer le Seigneur de Losse de les laisser vivre en Paix en leurs Maisons soubs le Benefice de vos derniers Edicts de Pacification; & que telle Priere fait presumer le-dit Seigneur de Bourdeille, que les-dits Seditieux n'ont pu executer ce quils avoyent projectez en leurs Esprits.

ET que le Seigneur de Losse a mis à Bergerac pour Gouverneur le Capitaine Labaume, qui est de la Religion pretendue Reformée, toutesfois ayant tousjours porté les Armes pour le Service de Leurs Majestez.

LES Habitans de laquelle Ville envoyevoyerent puis peu de Jours un Citoyen, lequel de leur Part auroit promis audit Seigneur de Bourdeille, que lesdits Habitans ne prendroyent les Armes, ny ne donneroyent Faveur, Ayde, ny Secours, à ceux qui estoyent eslevez.

ET que le-dit Seigneur de Bourdeille menoit à Leurs Majestez le Seigneur d'Aubeterre, comme il leur avoit pleu commander à sa Mere; laquelle lavoit adverty, quelle ne pouvoit plus payer la Solde de la tierce Partie des Soldats destinez pour la Garde du Chasteau d'Aubeterre, pour ce quelle est pouvre, & que le Seigneur d'Achon jouyt presentement de tout le Revenu de la Terre d'Aubeterre. A ceste Cause, quil plaise au Roy mander au Seigneur de Ruffec de bailler Moyen à la-dite Veufve d'Aubeterre dentretenir les-dits Soldats.

DAVANTAGE, dire à Leurs Majestez, que le Capitaine, qui a esté mis par le Comte de Coconas dans le-dit Chasteau d'Aubeterre, a mandé au-dit Seigneur de Bourdeille, ensemble ladite Veufve, quil nentrera Homme dans le-dit Chasteau, si nest ceux qui sont ordonnez pour la Garde dycelluy, &
quils

quils le conferveront tousjours foubs l'Obeyffance de Leurs Majeftez.

Aussi, que le Seigneur de Loffe fait Affemblée de Gens de Guerre en la Ville de la Linde, & auffi les Seigneurs de Bourdeille & de Branthofme, pour saller joindre avec le-dit Seigneur de Loffe alors quil fera befoin; pour le Service de Leurs Majeftez; & sil leur plaift de commander au-dit Seigneur de Bourdeille de communiquer (1) le Ban & Arriere-Ban de ce Pays, le-dit Seigneur aura Moyen d'affembler plus de Forces : & quil plaife à Leurs Majeftez de luy en ordonner daultres, affin quil fe puiffe acquitter de fa Charge; car, il eft entierement deftitué de Forces, fors de quelques Gentils-Hommes qui font bons Serviteurs de Leurs Majeftez, qui leur font Service à leurs Defpens.

Et fi Leurs Majeftez veulent, que le-dit Seigneur de Bourdeille faffe fortifier la-dite Ville de Perigueux aux Defpens de tout le Pays, veu que, fi la-dite Ville eftoit prinfe, ce feroit la Perte de tout le Pays ; & peuvent vivre ceux de la Religion pretendue

Re-

(1) convoquer

Reformée felon le dernier Edict de Pacification. Et de toutes les fus-dites Chofes qu'il plaira au Roy accorder & ordonner au-dit Seigneur de Bourdeille en pourchaffer Lettres en Forme, affin qu'il puiffe fuivre fes Commandemens.

RESPONSE VII.

DU ROY CHARLES IX. AU SEIGNEUR DE BOURDEILLE,

envoyée par la Beylie, le 15 de Mars 1574.

MR. DE BOURDEILLE,

Jay reçeu le Cayer & Procés verbal que mavez envoyé, bien faict à la Vérité, contenant la Vifite quavez faite ès Lieux & Endroits de voftre Charge, & fur quoy eft befoing de pourvoir. Mais, à prefent que font furvenus ces Remuemens & Nouvelletez, je ne vois pas que les Provifions que je y pourrois bailler en beaucoup de Chofes, bien que très-requifes, y puffent profiter. Par-quoy
je

je referve cela à plus de Commodité
& Opportunité, pour marrefter à ce
qui le plus importe maintenant : &
vous diray, que jay auffi veu le Memoire qui ma efté prefenté de voftre
Part, qui me tefmoigne voftre grande
Affection, Vigillance, & bon Debvoir
dont avez ufé pour la Confervation
du Pays de de-là, mefmes de ma Ville
de Perigueux, cognoiffant quil ne fe
pouvoit mieux ny plus à propos, &
felon mon Intention, en affeurant &
confortant mes bons & loyaux Subjects de la-dite Ville & aultres Villes
& Chafteaux circonvoyfins, & faifant
toucher au Doigt aux Gentils-Hommes & aultres de la nouvelle Opinion,
la Sincerité de mes Intentions. Je
loue pareillement la Prudence & Dexterité dont avez ufé pour perfuader
aulcungs des-dits Gentils-Hommes de
demeurer paifiblement en leurs Maifons, & vivre foubs la Grace & Benefice de mon Edict de Pacification, &
ne bailler Ayde, Secours, ne Affiftan-
ce, aux Seditieux & Perturbateurs de
mon Eftat.

JESCRIPS de bonnes Lettres aux
Seigneurs de Caumont, Beynac, Sainct-
Geniés, & Longa, pour leur tefmoi-
gner

gner le Contentement que jay de leurs Desportemens, suivant mesmes ce que m'en avez escript, les pryant de continuer : & desire aussi que de vostre Part vous ne vous lassiez de les y entretenir & tous aultres que cognoistrez de telle Humeur ; les asseurant, que de ce je vous ay baillé Charge expresse & particuliere, & que jauray tousjours Souvenance de leurdite bonne Volunté, que jestimerois encore plus, sils pouvoyent traverser dextrement & empescher l'Effect des maulvaises Intentions de mes Perturbateurs.

DE ce quavez adverty tous les Gentils-Hommes & mes bons Subjects de se tenir prests avec leurs Chevaux & Armes, pour se rendre la Part que je leur manderois lorsque les Occasions se presenteroyent pour mon Service, vous avez très-bien & sagement fait. La Prinse de Sarlac & de Saincte-Foy ma grandement despleu ; ne doubtant point au demeurant, que la Doulceur & Tollerance, dont jay cydevant usé envers daulcungs, nayt esté mal employée, & quils nayent eu de grandes Intelligences & baillé les Moyens pour faire de telles Sur-
prin-

prinſes. Au Moyen de quoy je veux
& entends que ceux qui demeureront en
mes Villes, deſquels on aura manifeſte
Cauſe de ſe deffier, ſoyent deſarmez,
& que on leur oſte tout Pouvoir &
Moyen de mal faire, ſans toutesfois
que on les offenſe aulcunement.

Ce ma eſté Plaiſir dentendre la
Continuation de la bonne & obéyſſan-
té Volunté de la Dame d'Aubeterre,
& quelle ſoit reſolue de conſerver
ceſte Place ſoubs mon Authorité.
Ainſin que dabondant vous dites,
le Capitaine, qui y a eſté mis par le
Comte de Gayaſſe, vous la teſmoigné,
dont je baille Advis au Seigneur de Ruffec, & luy mande faire tout ce quil
pourra pour y entretenir le-dit Capitaine & ſes Soldats; ou bien, ſil
jugeoit que ceux qui y ſont, ne fuſſent ſuffiſants, quil y en commiſt
daultres.

Au-reste, Monſieur de Bourdeille,
vous eſtes Perſonnage de tel Juge-
ment & Cognoiſſance, que nignorez
point ce à quoy je doibs principalement travailler, qui eſt en Somme,
& pour toute Fin, de me monſtrer
tel que je doibs, Roy, & favorable
à ceulx qui me rendront l'Honneur,

Subjection, & Obeyssance quils doibvent ; comme au contraire bien deliberé davoir la Raison de ceux qui se font tant oubliez & osent entreprendre contre mon Estat & Authorité, meritant destre fort rigoureusement traittez & chastiez, puisque la Doulceur & Voye amiable ne trouve Lieu en leur Endroit.

AINSIN doncques je vous prye de vous faire fort, par tous les bons Moyens que vous pourrez, en vous joignant selon quil sera besoing aux Seigneurs de Loïse, d'Escars, de la Vauguyon, à mon Cousin le Comte de Ventadour, & aultrement vous aydant le mieux & plus vertueusement quil sera possible, mesmes en convocquant l'Arriere Ban ; ce que pouvez faire dautant plus facilement, questes Seneschal du Pays : de sorte que jestime nestre besoing vous en envoyer aultre Mandement particulier, pour lequel en toute Adventure, & pour vostre Descharge, je veux que la presente vous serve.

JEUSSE bien desiré pouvoir vous envoyer des Forces dicy ; mais, pouvez estimer & considerer le peu de Moyen que jen ay si-bien que pour ce Regard,

gard, & pour la Fortification de ma Ville de Perigueux, aux Habitans de laquelle jefcrips le Contentement que jay deux, eft Neceſſité efveituer & ayder des Moyens & Commoditez qui font fur les Lieux, attendant que Dieu me faſſe la Grace deffeſtuer plus avant ma droite Intention.

Ce Porteur vous dira le Surplus de mes Nouvelles, & de ma bonne Difpofition, & combien je vous ayme & eftime, fuivant la Charge que je luy en ay baillée. A tant, je pryeray Dieu, quil vous ayt, Monfieur de Bourdeille, en fa fainſte Garde.

Efcript au Chafteau de Vincennes, le xv. Jour de Mais 1574.

Signé CHARLES.

Et plus bas, DE NEUFVILLE.

RES-

RESPONSE VIII.

DE LA REYNE-MERE AU SEIGNEUR DE BOURDEILLE,

envoyée par la Beylie, le 15 de Mars 1574.

M[R]. DE BOURDEILLE,

Javois tousjours cru que vous feriez bien, & je suis bien ayse destre non-seulement en ceste bonne Opinion & Asseurance, mais encore lay-je accrue par le Merite de vostre Prudence & Vertu. Le Roy Monsieur mon Fils vous fait Response si ample & particuliere, questant mon Intention conforme à la sienne, je ne vous feray la presente plus longue, que pour vous pryer estre asseuré, que je seconde le-dit Seigneur Roy mon Fils en la bonen Volunté quil vous Porte. Pryant Dieu quil vous ayt, Monsieur de Bourdeille, en sa saincte Garde.

Escript au Chasteau de Vincennes le xv Jour de Mars 1574.

Signé CATHERINE.

Et plus bas, DE NEUFVILLE.

RES-

RESPONSE IX.

DU DUC D'ALENÇON AU SEIGNEUR DE BOURDEILLE,

envoyée par la Beylie, le 15 Jour de Mars 1574.

M^R. DE BOURDEILLE,

JE suis bon Tesmoing du Contentement singulier que le Roy mon Seigneur & Frere a de vos bons Deportemens, & de la Prudence & Dexterité dont vous avez usé en ces dernieres Occasions.

JE vous prye bien fort de continuer, & avoir l'Oeil au Surplus du Contenu de la Depesche qui vous est presentement faicte, à laquelle je me remets aussi : vous promettant bien, que, où l'Occasion se presentera de vous gratifier, je my employeray de très-bon Cœur : pryant Dieu quil vous ayt, Monsieur de Bourdeille, en sa saincte Garde.

Escript au Chasteau de Vincennes, le xvij Jour de Mars 1574.

Vostre bon Amy
FRANÇOIS.

B 3

LET-

* * * * * * * * * * * * * * * * *
* * * * * * * * * * * * * * * * *

LETTRE X.

DU DUC D'ALENÇON AU SEIGNEUR DE BOURDEILLE.

Du 17 de Mars 1574.

M^R. DE BOURDEILLE,

ENCORE que le Roy mon Seigneur & Frere vous mande par la Depesche que vous baillera ce Porteur, que ne partiez de de-là y estant vostre Presence bien necessaire, comme je croy quelle est, & à la Vérité : toutesfois, je me conforme à son Intention pour vous dire, que vous venant par deçà, je seray fort ayse de vous voir ; pryant Dieu quil vous ayt, Monsieur de Bourdeille, en sa saincte Garde.

Escript au Chasteau de Vincennes, le xvij de Mars 1574.

Vostre bon Amy
FRANÇOIS.

LET-

LETTRE XI.

DU SEIGNEUR DE BOURDEIL-LE AU ROY CHARLES IX,

envoyée par le Sancet, le 20 de Mars 1574.

SIRE

LE Seigneur de Losse & moy avons advisé denvoyer par devers Vos Majestez le Scindic de ce Pays de Perigord, qui vous est fidele & affectionné Subject, pour vous faire entendre, que le-dit Seigneur de Losse, par l'Advis & Conseil de moy & daulcungs Seigneurs & Gentils-Hommes du-dit Pays, a ordonné, quil seroit levé sur ycelluy certaine Somme de Deniers pour la Solde des Gens de Pied, quil a commandé estre levez pour voftre Service, affin de contenir en Debvoir les Soldats, & empefcher que le pouvre Peuple ne fuft par eulx pillé, & reduict à plus grande Neceffité quil eft à prefent, laquelle eft telle, que tous Moyens luy defaillent: tellement que la plufpart

B 4　　　　　nont

nont dequoy se subltanter : & la
Prinse de Bergerac les reduit encore
en plus grande Extremité , pour ce
que la plulpart des Vivres venoyent
de ce Lieu , duquel il ne fault en espe-
rer delormais que tout Mal , pour ce
que jay esté adverty , que , delpuis
peu de Jours , le Seigneur de Langoyran y est arrivé en Deliberation
de le fortifier ; ce que importe beaucoup pour toute la Guyenne , pour ce
que la-dite Ville de Bergerac est
en une belle & fertile Situation sur
la Riviere de Dordoigne , par le Moyen de laquelle les Rebelles de Languedoc & Provence se pourroient
facilement joindre avec ceux de Poictou , Anjou , & Bretaigne , veu quelle
nest esloignée que de vingt Lieues de
Montalban , & vingt - cinq de la Rochelle.

PAR CE , Sire , je vous supplie très-
humblement pourvoir à ce quil ne soit
baillé Temps aux - dits Seditieux de
la fortifier , ains pour mettre Empeschement à ce. Qu'il plaise à Vos Majestez ordonner à tous vos Lieutenans
qui ont des Forces en ceste Guyenne,
de venir trouver le Seigneur de
Lofse , pour reprendre la - dite Vil-

le

le, & au Seigneur de Biron de luy
bailler Canons & Poudres pour Effect
neceſſaires, dautant que les-dits Seditieux nont ſurprins par deça Ville
qui importe plus que celle là. Ou, ſi
vos Lieutenans ne veulent joindre
leurs Forces avec celles du-dit Seigneur de Loſſe, quil vous plaiſe envoyer par deça un Prince ou grand
Seigneur pour commander à tous :
pour ce que les Forces, eſtant ſepa-
rées comme elles ſont à preſent, ne
vous peuvent faire grand Service,
ains pluſtoſt Dommage. Car, à la
longue, voſtre pouvre Peuple ſera
ſi foulé, quil naura Moyen de vous
ſecourir.

A CESTE CAUSE, je vous ſupplie
très-humblement, Sire, y pourvoir,
car l'Eſtat de voſtre Royaulme eſt
aultre que vous ne penſez, & me ordonner des Forces, deſquelles je ſuis
entierement deſnué, fors daulcungs
Gentils-Hommes, qui me ſont Parens
& Amys, leſquels ſe tiennent preſts
pour semployer à voſtre Service,
lorſque l'Occaſion ſe preſentera,
avecques leſquels toutesfois je ne
peux executer ce que je deſirerois

B 5

pour

rois pour voſtre Service, pour lequel je vous aſſeure que je neſpargneray jamais, ny Vie , ny Biens : pryant Dieu, Sire, vous maintenir en Santé, Proſperité très-longue , & très - heu-reuſe Vie.

De Perigueux, ce xx. de Mars 1574.

LETTRE XII.

DU SEIGNEUR DE BOURDEILLE A LA REYNE-MERE,

envoyée par le Sancet, le 20 de Mars 1574.

MADAME,

LE Seigneur de Loſſe , eſtant arrivé en ce Lieu , pour pourvoir aux Affaires de ce Pays , a eſté d'Ad-vis denvoyer par devers vous le Scin-dic dycelluy , qui vous eſt fidele Subjeſt, pour vous faire entendre ſa Delibération & Eſtat du-dit Pays, & principalement de quelle Conſéquence eſt à toute la Guyenne la Prinſe de la Ville de Bergerac , de quoy jeſ-crips

crips au long au Roy : & ay chargé
le-dit Scindic vous faire entendre le
tout : queſt la Cauſe que à preſent ,
Madame, je ne vous en feray aultre Diſcours, mais feullement fupplieray très-
humblement Vos Majeſtez de vouloir
faire expedier promptement le-dit
Scindic, & me commander pour voſtre Service, pour lequel je expoſeray
tousjours Vie & Biens dauſſi bonne
Volunté que je vays pryer Dieu, Madame, vous maintenir en Santé, Proſperité très - longue, & heureuſe Vie.

De Perigueux ce xx. Mars 1574.

RESPONSE XIII.

DE ROY CHARLES IX. AU SEI-GNEUR DE BOURDEILLE,

*envoyée par le Scindic de Perigord, le
7 d'Apvril 1574.*

Mʳ. DE BOURDEILLE,

J'AY entendu par voſtre Lettre du
vingtieſme du precedent , & par ce
que le Scindic de Perigord ma faiſt en-

ten-

tendre, l'Occafion pour laquelle le Seigneur de Loffe , vous , & aultres Gentils-Hommes du-dit Pays , avez efté d'Advis qu'il fuft levé fur ycelluy certaine Somme de Deniers , pour fatisfaire à l'Entretenement des Soldats que le-dit Seigneur de Loffe a faict lever : qui a efté principalement afin defviter à la Foule de nos Subjets , & pouvoir par ce Moyen contenir les-dits Gens de Guerre & Soldats en la Difcipline militaire quil eft requis ; ce qui feroit aultrement fort difficile.

Jen ay faict fur ce bien au long entendre ma Volunté au-dit Scindic , & expedier les Provifions neceffaires , dont je ne vous feray aultre plus long Difcours , & vous prieray feulement regarder avec le-dit Seigneur de Loffe des Moyens , tant pour empefcher la Fortification de Bergerac que des aultres Places qui importent au Pays, & sil eft poffible de les forcer ; ne vous pouvant maintenant fecourir d'autres Forces de deça, pour mentrouver fi efloigné , & tellement empefché dailleurs, qu'il faut que je y defploye la plufpart de ce que je puis.

Le Seigneur de la Valette doit avoir

main-

maintenant les fiennes preftes. Je luy ay mandé quil ayt à en ayder le-dit Seigneur de Loffe, & tous deux marcher unanimement de fi bon Pied, que je mapperçoive de la Devotion quils ont à mon Service, dont je ne fais Doubte, & que de voftre Part vous ne les affiftiez, comme vous avez tousjours bien faict. Ce que je vous prye continuer : pryant fur ce le Createur, Monfieur de Bourdeille, vous avoir en fa faincte & digne Garde.

Efcript au Boys de Vincennes le vij Jour d'Apvril 1574.

Signé CHARLES.

Et plus bas, FIZES.

LETTRE XIV.

DU SEIGNEUR DE BOURDEILLE AU ROY CHARLES IX,

pour le Seigneur de Sainct-Geniés, du 13 de Mars 1574.

SIRE

COMBIEN je soye très-asseuré de la bonne Volonté & Affection que vous portez au Seigneur de Sainct-Geniés, pour le Debvoir que luy & ses Predecesseurs ont tousjours continué à vous faire très-humble Service, si est-ce que envoyant par devers Vos Majestez, pour les supplier de vouloir bailler en sa Faveur l'Abbaye de Saulve, de laquelle ung sien Oncle est despuis peu de Jours mort paisible Possesseur, je nay voulu faillir vous tesmoigner que laffectionné Debvoir, que le-dit Seigneur de Sainct-Geniés a eu à vostre Service, luy a faict oblyer Famille, Biens, & Vie, tellement que son Chasteau Dayday, qui est en Bearn, y a esté bruslé, luy pendu en Figure, & privé

du

du Revenu quil avoit au-dit Pays de Bearn.

PAR CE, Sire, je vous supplie très-humblement, en Considération de ses Services & Pertes, de vouloir bailler en sa Faveur la-dite Abbaye, affin que à ladvenir il ayt Moyen de pouvoir remettre le-dit Chasteau en son entier, & de continuer le Service, quil desire faire perpetuellement à Vos Majestez. Masseurant, que telle Recompense incitera beaucoup de Gentils-Hommes de voftre Royaulme, outre ce quils y font naturellement obligés, à faire le semblable, & suivre les Traces du-dit Seigneur de Sainct-Geniés.

JE ne vous escrips pour le present, Sire, aulcune Chose des Affaires de ce Pays, pour ce que despuis les dernieres que jay escrips à Vos Majestez, il ne sest passé Chose qui merite vous estre escripte, si nest que le Seigneur de Losse, après avoir pourveu au bas Pays de Perigord, est arrivé aujourd'huy en la Ville de Périgueux, pour adviser ce que y sera besoing & ès Environs pour voftre Service, pour lequel desire exposer Vie & Biens, pryant Dieu m'en faire la Grace, & vous,

Sire,

Sire, vous maintenir en saincte Prospérité, longue & heureuse Vie.

De Perigueux, ce xiij Mars 1574.

LETTRE XV.

DU SEIGNEUR DE BOURDEILLE A LA REYNE MERE,

pour le Seigneur de Sainct-Geniés, du 13 de Mars 1574.

M ADAME,

LE Seigneur de Saint-Géniés envoyant par devers Vos Majestez du Roy & vostre, affin de les supplier tréshumblement de bailler en sa Faveur l'Abbaye de la Saulve qui estoit à ung sien Oncle, je nay voulu faillir vous supplier très-humblement le vouloir gratifier de la-dite Abbaye, en Recompense de tant de Services quil a fait à Sa Majesté & vostre ; mesmement estant asseuré que à ces Troubles, il a oblyé (pour sacquitter du Service quil vous debvoit) Personne & Biens. L'Execution en Figure que

les

les Bearnois firent de fa Perfonne,
Bruflement de fon Chafteau Dayday,
& Privation du Revenu quil avoit au-
dit Pays de Bearn, me fervira de
Tefmoings. Les aultres je les ob-
mets, pour neftre fi recens & remar-
cables, auffi que vous en eftes très-
affeurée. Et telle Gratuité, Madame,
fera Caufe, quil aura cy-après meilleur Moyen à vous faire très-humble
Service, & pouffera beaucoup daultres Gentils-Hommes à l'imiter & à
pryer Dieu, Madame pour voftre
Santé, Profpérité longue, & heureufe
Vie.

De Perigueux, ce xiij de Mars 1574.

RESPONSE XVI.

DU ROY CHARLES IX AU SEI-GNEUR DE BOURDEILLE,

*pour le Seigneur de Sainct-Geniés, du
13 Mars 1574.*

M^R. DE BOURDEILLE,

Oultre le Tefmoignage que vous
mavez rendu par vos Lettres du

xiij du prefent de la finguliere Devotion du Seigneur de Sainct Geniés à mon Service, jen avois desja bien bonne Cognoiffance, & Volunté de le gratifier, comme fes femblables en tout ce quil me fera poffible.

Jay commandé que l'Abbaye de la Saulve fuft employée fur les Rolles que je verray à la Fin de ce Mois pour la luy conferver. Les ayant veus, il luy en fera faicte Expedition quil peut defirer. Partant, je vous prye lexorter de continuer au mefme Zelle quil a tousjours eu pour mon Service; & de voftre Part auffi me tenir adverty de ce qui fe paffera de de-là, le plus fouvent que vous pourrez: pryant fur ce le Créateur, Monfieur de Bourdeille, vous avoir en fa faincte Garde.

Efcript au Boys de Vincennes, le xxj Jour de Mars 1574.

Signé Charles.

Et plus bas, FIZES.

LET-

LETTRE XVII.

DU ROY CHARLES IX. AU SEIGNEUR DE BOURDEILLE,

envoyée par la Beylie, le 17 de Mars 1574.

M^R. DE BOURDEILLE,

JEUSSE bien defiré, que fuffiez demeuré par de-là, y eftant voftre Prefence bien requife; & ainfi le vous mandois par mes dernieres, que vous baillera ce Porteur. Toutesfois, jay defpuis advifé, que, fi me voulez venir trouver, jen feray bien ayfe, & de vous voyr. Cependant, je prye Dieu quil vous ayt, Monfieur de Bourdeille, en fa faincte Garde.

Efcript au Chafteau de Vincennes, ce xvij Jour de Mars 1574.

Signé CHARLES.

Et plus bas, DE NEUFVILLE.

LET-

* * * * * * * * * * * * * * * * * *
* * * * * * * * * * * * * * * * * *

LETTRE XVIII.

DU SEIGNEUR DE BOURDEILLE AU ROY CHARLES IX,

pour la Veufve d'Aubeterre, envoyée par un Gentil-Homme, le 15 de Mars 1574.

S IRE,

JE vous ay cy-devant faict entendre, par le Gentil-Homme que jay depefché vers Vos Majeftez, l'Affection que la Dame d'Aubeterre & fon Fils avoyent à vous faire très-humble Service, & pour la Demonftration dycelluy mavoit envoyé fon Fils pour le vous prefenter. Defpuis la dite Dame ma affeuré par plufieurs Lettres de cefte bonne Volunté, & quelle mettroit toute la Peyne & Vigilance quil luy feroit poffible pour conferver le Chafteau d'Aubeterre en voftre Obeyffance, pour la Garde duquel le Comte de Gayaffe, paffant en ce Pays, y ordonna trente Soldats foubs la Charge du Sieur de Chambrelane: lequel, ne pouvant eftre payé de la Solde dy-

ceulx

ceulx en Vertu de la Commiſſion que
le-dit Comte luy fit expedier , il a
depeſché ce Gentil-Homme par-devers vous, Sire, afin quil vous plaiſe de authoriſer la-dite Commiſſion,
& vous faire entendre au long le Debvoir quil faict à la Garde du-dit Chaſteau ; lequel eſtant de grande Importance, comme Vos Majeſtez ſont très-
bien adverties, pour les Pays de Perigord & Angolmoys, je ſupplie très-
humblement Vos-dites Majeſtez vouloir authoriſer la-dite Commiſſion, &
commander que le-dit Gentil-Homme
ſoit promptement expedié, afin que
la-dite Place ſoit mieux gardée, &
que le-dit Sieur de Chamberlane ayt
meilleur Moyen d'en faire ſon Debvoir,
auquel il ma aſſeuré quil ne manquera.

Au ſurplus, Sire, vous me comman-
derez ce que jay affaire pour voſtre
Service ; & je me ſentiray très-heureux dexpoſer pour ycelluy, & Santé
& Biens ; pryant Dieu men donner la
Grace, & vous maintenir, Sire, voſtre Grandeur, Santé, Proſperité très-
longue, & très-heureuſe Vie.

De-Perigueux, ce xv. de Mars
1574.

RES-

****

RESPONSE XIX.

DU ROY CHARLES IX. AU SEIGNEUR DE BOURDEILLE,

pour la Dame d'Aubeterre , du 26 de Mars 1574.

M^R. DE BOURDEILLE,

JAY entendu par vos Lettres du xv du present, comme la Viſcomteſſe d'Aubeterre ſeſtoit diſpoſée denvoyer ſon Fils aiſné avec vous en ceſte Cour, & la bonne Volunté quelle a de conſerver le Chaſteau d'Aubeterre en mon Obeyſſance ; ce que jay très-agreable : vous aſſeurant, que, continuant en ceſte bonne Volunté , elle me donnera Occaſion davoir ce qui luy touſchera en la Recommandation quelle peut deſirer de moy.

AU RESTE, pour le Regard des Proviſions concernant le Payement du Sr. de Chamberlane, & des Soldats propoſez à la Garde de ceſte Place , je mande au Sr. de Ruffec dy pourvoir, enſemble ſur l'Augmentation du Nombre

bre dyceulx, ainfin quil verra eftre requis pour le Bien de mon Service; ce quil pourra mieux que nul aultre juger, eftant fur les Lieux comme il eft. Pryant fur ce le Createur, Monfieur de Bourdeille, vous avoir en fa faincte & digne Garde.

Efcript au Boys de Vincennes, le xxvj Jour de Mars 1574.

Signé CHARLES.

Et plus bas, FIZES.

LETTRE XX.

DU SEIGNEUR DE BOURDEILLE AU ROY CHARLES IX,

envoyée par la Beylie, le 3 d'Apvril 1574.

SIRE,

JAY reçeu les Commandemens quil a pleu à Vos Majeftez me faire par vos Lettres du xv du Mois paffé, fuivant lefquelles jay faict tenir, par
le

le Gentil-Homme que je vous avois envoyé, celles quefcripviez aux Seigneurs de Caumont, Reynac, Sainct-Geniés, & de Longa; & leur ay faict entendre au long voftre Volunté, lefquels mont affeuré, quils continueront tousjours à vous faire très-humble Service. Et, pour Confirmation de ce, le-dit Seigneur de Caumont envoye par-devers vous ung Gentil-Homme, duquel jay fenty que le-dit Seigneur defiroit grandement eftre employé: & s'il vous eftoit agreable, en pourriez tirer quelque bon Service; car, il eft Seigneur de grande Suffifance & Honneur, Homme de Bien, & grand Terrien en ce Pays.

Jay auffi envoyé la Lettre quil a pleu à Vos Majeftez à la Dame d'Aubeterre, & par mefme Moyen faict entendre l'Ayfe & Contentement que vous aviez reçeu dentendre quelle avoit Volunté de conferver le Chafteau d'Aubeterre foubs voftre Obeyffance, en laquelle ma affeuré quelle continueroit. Et femblable Affeurance ma faict le Capitaine du Chafteau.

Je tafche par tous les Moyens quil meft poffible de retirer tous les Gentilstils-Hommes & aultres de ce Pays, qui font de la nouvelle Religion , de leurs mauvaifes Conceptions , & remettre en train de semployer pour voftre Service , pour lequel puis peu de Jours jay faict convocquer le Ban & Arriere-Ban de ce Pays, auquel peu de Gentils-Hommes ont comparu ; tellement que je fuis efté contrainct , pour les Occafions qui fe prefentent , demployer tous nos Parens & Amys , defquels jen ay affemblé deux cens Chevaulx : & , avec cefte Trouppe , me fuis joinct à Meffieurs de la Vauguyon qui en ont autant ou plus , en intention de trouver la Noue , qui eft aujourd'huy à Chaleres , pour le combattre s'il nous eft poffible ; vous affeurant , que ny efpargnerons nos Perfonnes , car je ne trouve la bonne Volunté dudit Seigneur de la Vauguyon aulcunement refroidye à vous faire très - humble Service , combien jaye entendu quil en ayt quelque peu d'Occafion pour navoir efté couché fur le Rolle des Compaignies entretenues.

Le Seigneur de Limeuil fe doit joindre à nous avec fept Compaignies de Gens de Pied , que le Seigneur de

Lof-

Loſſe luy a baillé Charge de conduire, & oultre ce Commiſſion pour commander en ſon Abſence, tant à la Cavallerie que Infanterie de ce Pays de Perigord, queſt entreprendre ſur l'Eſtat de Seneſchal duquel il vous a pleu m'honorer. Par ce, je ſupplie très-humblement Vos Majeſtez me faire entendre ſur ce voſtre Volunté: &, en ce faiſant, ſi vous avez pour agreable que le-dit Seigneur de Loſſe donne à aultre en ſon Abſence Puiſſance de commander quà moy, à qui par le Moyen de la-dite Charge de Seneſchal en ce Pays de Perigord naturellement l'Authorité & le Commandement appartient en Abſence de vos Lieutenans ; affin que ſuivant ycelle je me regle deformais comme je deſire: & jamais ne oultrepaſſeray vos Commandemens, pour effectuer leſquels me trouverez touſjours preſt à y employer Vie & Biens, pryant Dieu men donner le Moyen & Grace, & vous, Sire, vous maintenir en Santé très-longue & très-heureuſe Vie.

De Perigueux, ce iij d'Apvril 1574.

LET-

LETTRE XXI.

DU SEIGNEUR DE BOURDEILLE A LA REYNE-MERE,

envoyée par la Beylie, de Perigueux, le 3 d'Apvril 1574.

MADAME,

JAY reçeu la Lettre quil a pleu à Vos Majeſtez meſcripre du xv de ce Mois paſſé, par laquelle jay cognu au Doigt l'Aſſeurance & Fidelité que vous avez en moy, vous ſuppliant très-humblement croire, que, ſi vous avez eu Occaſion cy-devant den avoir Confirmation par Services bons & loyaux que jaye faicts à Vos Majeſtez, que je mefforceray par-cy après de laccroiſtre ſil meſt poſſible : &, pour ce faire, mes Biens & Vie ny ſeront eſpargnez; eſtant bien marry, que le Seigneur de Loſſe naye cy-devant entendu ceſte bonne Opinion que vous avez de moy; pour ce quil neuſt baillé Commiſſion au Seigneur de Limeuil

de

de commander en ce Pays de Perigord en son Absence comme il a faict ; en quoy faisant, il me semble, Madame, quil ma faict Tort ; dautant que cest du Debvoir & Charge des Seneschaux de commander en leurs Provinces en l'Absence des Lieutenans de Vos Majestez.

A CESTE CAUSE, je vous supplie très-humblement, que telle Usurpation & Entreprinse ne soit tollerée en mon Endroict, veu le bon Zelle que jay à voftre Service, & faire entendre audit Seigneur de Loffe, & à moy, vostre Volunté au Retour de ce Gentil-Homme, auquel ay baillé Charge de vous faire au long entendre comme les Affaires se passent par deça. Qui est la Cause que en cest Endroict je pryeray Dieu, Madame, vous maintenir en bonne Santé, Prosperité très-longue, & très-heureuse Vie.

De Perigueux, ce iij d'Apvril 1574.

LETTRE XXII.

DU SEIGNEUR DE BOURDEILLE AU DUC D'ALENÇON,

envoyée par la Beylie, le 3 d'Apvril 1574.

MONSEIGNEUR,

JAMAIS je ne fus plus ayſe, que davoir entendu par le Gentil-Homme que javois envoyé par-devers Vos Majeſtez, que vous aviez eu pour agreable l'Advertiſſement que je vous faiſois par mes Lettres, comme provenant de celluy qui vous a eſté tousjours & ſera perpetuellement loyal & fidele Serviteur, ayant voué, & Biens & Perſonne, pour vous faire très-humble Service. Et de tant que je cognois voſtre Bonté eſtre ſi grande, je ne craindray d'Abondant de vous ſupplier très-humblement davoir Pitié du pouvre Peuple de ce Royaulme, lequel eſt tant deſolé & affligé quil nen peut plus. Et ce faiſant, Monſeigneur, il vous plaiſe de taſcher, par tous les Moyens que vous pourrez, de ayder à le remettre ; ce que ne ſe peut

C 3

bon-

bonnement faire, ce me semble, que par une perpetuelle & asseurée Paix & Concorde, laquelle vous pouvez sur toute aultre Chose conseiller, & par là acquerir une Reputation de Los immortel. Et tout ce pouvre Peuple de France sera à tout jamais enclin à pryer Dieu pour vostre Grandeur, Prosperité & Santé : & aussi ce sera le Moyen de fermer la Bouche à beaucoup d'Imposteurs, qui vous ont voulu taxer davoir consenty à Chose que de ma Part je nay jamais pu croire estre veritable, voyant les Effects & Issuës contraires.

Et affin que vous embrassiez de meilleure Volunté ceste Affaire, jay donné Charge à ce Gentil-Homme de vous faire entendre au long les Miseres, Afflictions, & Calamitez, que les Pouvres de ce Quartier souffrent à cause des Troubles ; lesquels prye Dieu vous donner le Moyen & Grace d'assopir, & vous preserver, Monseigneur, en Santé, Prosperité très-longue, & très-heureuse Vie.

De Perigueux le iij Jour d'Apvril 1574.

RES-

RESPONSE XXIII.

DU ROY CHARLES IX. AU SEI-GNEUR DE BOURDEILLE,

escripte le 16 d'Apvril 1574.

M^R. DE BOURDEILLE,

JAY veu par vos Lettres du troisiesme d'Apvril l'Asseurance que vous me donnez de la Devotion à mon Service des Seigneurs de Caumont, Reynac, Sainct-Geniés, & de Longa, en laquelle je seray bien ayse que vous les confirmiez tousjours, & pareillement la Viscomtesse d'Aubeterre pour la Conservation de son Chasteau en mon Obéyssance. Cognoissant bien davantage la Peyne que vous mettez à retirer les Gentils-Hommes qui sont de de-là de leurs folles Conceptions, & les remettre au droit Chemin de leur Salut, je vous prye ne vous espargner, asseuré que vous ne me sçauriez faire Service plus signalé, ny Chose plus à l'Advantage desdits Gentils-Hommes,

C 4

ain-

ainſin quils le pourront avec le Temps
cognoiſtre.

JE mattends bientoſt dentendre
quelques bonnes Nouvelles & Execution de vos Forces joinctes à lencon-
tre de la Noue, dont je prye Dieu
vous faire la Grace, & que vous puiſſiez tous me teſmoigner en ceſt Endroict voſtre Devotion , dont jauray
toute la Souvenance que vous pouvez
deſirer.

IL ne vous faut mettre en Peyne de
la Charge que vous dites que le Seigneur de Loſſe donne au Seigneur de
Limeuil pour commander en ſon Abſence, au Prejudice du Pouvoir attri-
bué de tout Temps aux Bayllis & Seneſchaux de mon Royaulme. Car ,
oultre que je ſçay, que ce ſont les
Gouverneurs nais , je vous veulx
tousjours conſerver le Lieu , Rang ,
& Degré, que vos Merites & Services vous ont acquis. Donc & à tant,
je vous prye vous repoſer ſur moy, &
continuer cy-après ce que vous avez ſi
bien commencé , ſans que aulcune
Choſe vous en puiſſe deſmouvoir ,
ſuivant la Devotion que vous en avez
tousjours eue, à laquelle il neſt be-
ſoing adjouſter aultre Choſe , ſi-non
que

que je prye Dieu, Monſieur de Bourdeille, vous avoir en ſa ſaincte & digne
Garde.

Eſcript au Boys de Vincennes, le
xvj. Jour d'Apvril 1574.

Signé CHARLES.

Et plus bas, FIZES

Et ſur la Marge:

Mʳ. DE BOURDEILLE,

JE vous prye, ſi l'Occaſion de combattre eſt paſſée, que vous partiez
incontinent, pour me venir trouver,
pour ce que je me veulx ſervir de vous
icy.

XXIV.

XXIV. S'ENSUIVENT

LES REMONSTRANCES FAICTES AU ROY CHARLES IX. DE LA PART DU SEIGNEUR DE BOURDEILLE,

par luy envoyées par la Beylie à Ses Majeſtez le tiers d'Apuril 1574, avec les Lettres precedentes de pareille Date.

PREMIEREMENT, que le-dit Seigneur, pour rompre les Deſſeings de la Noue, a aſſemblé au Pays de Perigord deux cents Chevaux voluntaires des Seigneurs & Gentils-Hommes ſes Parens & Amis, en Nombre de deux cents ; & , avec telles Forces, ceſt joinct avec les Seigneurs de la Vauguyon & de Pompadour , qui en ont de leur Couſté autant ou plus ; & marchent enſemblement le long de la Riviere de Liſle, pour empeſcher que le-dit la Noue ne paſſe la-dite Riviere comme il a deliberé, pour ſe joindre

avec

avec les Forces qui font à Bergerac, en Carcy, & en Agenois.

ET que le Seigneur de Lofse, ayant efté adverty par les-dits Seigneurs de Bourdeille & de la Vauguyon, par plufieurs fois, des Deffeings du-dit de la Noue, ne pouvant fe trouver à telle Entreprife, auroit donné au Seigneur de Limeuil la Charge de la Conduite de fept Enfeignes de Gens de Pied levées en ce Pays de Perigord par le Moyen du-dit Seigneur de Bourdeille, & oultre ce decerné Commiffion au-dit Seigneur de Limeuil pour commander au-dit Pays en fon Abfence; Chofe qui importe beaucoup au-dit Seigneur de Bourdeille, pour ce que ceft defroger, entrer à la Puiffance & Authorité quil a au-dit Pays comme Senefchal, lequel, en Abfence des Lieutenans de Ses Majeftez, y doibt commander, & non aultres.

CE nonobftant, affin que le Service de leurs-dites Majeftez nen fuft retardé, il a laiffé couler pour ce coup telle Surprinfe, efperant quil y feroit pourveu par le Roy.

PAR CE, fupplie Ses Majeftez faire Declaration de fon Vouloir, & y pourvoir.

C 6

ET

ET aussi, que les Deniers, qui se levent en ce Pays de Perigord pour la Solde de ces Gens de-Pied, ne soyent delivrez, ny les Payemens faits auxdits Soldats, que en Presence du-dit Seigneur de Bourdeille, & de son Consentement; veu que les Estats du Pays, par son Moyen & Priere, ont consenty au Despartement & Cothisation des-dits Deniers, non daultre, & ce pour empescher les Larrecins qui se commettent.

Aussi quil ne se puisse faire Despartemens desormais de Deniers en cedit Pays, de quelque Nature que ce soit, que ce ne soit en sa Presence, pour les Raisons susdites.

ET pour ce que les Forces voluntaires ne sont de Durée, & que le Seigneur de Losse na en son Gouvernement que Partie de la Compaignie de Monsieur l'Admiral, car il ne peut assembler celles du Roy de Navarre & de Monsieur de Montluc, il plaise à Ses Majestez ordonner, que celle du Seigneur de la Vauguyon demeurera en ce Pays de Perigord. En ce faisant casser Partie des Compaignies des Gens de Pied, de tant que le Roy en sera mieux servy, & ce pouvre Peuple soulagé. Aussi que

que Ses Majeſtez conſiderent, que les deux Villes principales de ce Pays ſont prinſes,

ET que cejourd'huy il a eſté adverty, que les Seigneurs de Terrride & Reyme ſe aſſemblent, avec ceux de Rearn, pour venir ſe joindre avec ledit la Noue à Bergerac.

ET que ceux, qui ſont dans la-dite Ville de Bergerac, la fortifient, qui prejudiciera beaucoup à toute la Guyenne : &, sils ſe joignent enſemble, ſera bien difficile de les rompre, combien il y ait prou de Forces par deça, ſi celles-cy eſtoient commandées par un Prince, ou grand Seigneur & aydées de quelque peu daultres.

LETTRE XXV.

DU SEIGNEUR DE BOURDEILLE AU ROY CHARLES IX,

eſcripte le 24 *d'Apvril* 1574.

S IRE,

JAY reçeu une Commiſſion de Voſ-

tre

tre Majesté, datée du vingt-sixiesme de Mars dernier, pour lever sur les Villes & Bourgs de Perigord la Somme de quinze mille Livres. Incontinent lavoir reçeue, jay faict assembler vos Officiers, pour dilligemment la mettre à Execution, qui ont advisé, que difficillement la-dite Somme se pourra lever, dautant que trois des principalles Villes du-dit Pays sont prinses par ceux de la nouvelle Religion, qui sont Bergerac, Sarlac, & Essigeac ; & le Reste du Pays grandement mangé & foulé de la Gendarmerie. Je leur ay dit, sur ceste Remonstrance, combien vous recepvriez de Desplaisir de voir vostre pouvre Peuple tant molesté : mais, que, pour la Néceffité des Affaires de vostre Royaulme, estiez contrainct vous ayder de ces Moyens. Qui a esté Cause, que promptement nous nous sommes mis en Debvoir dexecuter vostre Commandement.

ET vous asseure, Sire, que jay tousjours trouvé vos Subjects de ce Lieu bien affectionnez à vostre très-humble Service. Ils envoyent pour leur particulier ung Homme exprès vers Vostre Majesté, pour vous remonstrer, que de tout Temps & Levées de Deniers

niers qui fe font faictes en Cas femblables, ils nont efté cothifez ny com-
prins que pour une douziefme Partie;
& que, par le dernier Eftat, ils y
font pour un Tiers ; ce qui leur eft
infupportable. Je vous fupplie très-
humblement, Sire, pour le bon Debvoir quils employent à la Confervation
de cefte Ville, les avoir pour recom-
mandez & les foulager en ce qui fera
raifonnable.

ET pour refpondre à la Lettre quay
reçeue de Voftre Majefté du vij. de ce
Mois, par laquelle me commandez
daffifter pour voftre Service avec
Meffieurs de Loffe & de la Valette,
pour empefcher que Bergerac ne fe
fortifie, je vous ay desja adverty par
le Seigneur de Sainct-Mathieu, que
ayant laiffé à Angoulefme Monfieur de
la Vauguyon avec fes Trouppes & luy
malade, je meftois retiré en ce Pays
avec les miennes, deliberant de me
joindre avec Monfieur de Monferan.
Mais, me trouvant foible pour ce faire, fuis demeuré en cefte Ville, & la
Nobleffe qui maccompaignoit retirée
en leurs Maifons, avec Promeffe &
bonne Affeurance deftre tousjours prefte quand je leur manderay pour vof-

tre

tre Service, comme je vous puis af-feurer, Sire, de leur très-bonne Af-fection & Volunté.

CEPENDANT, jay envoyé devers Monfieur de Monferan fçavoir fi fon Artillerie eftoit prefte, lequel a trois Canons & deux Colevrines. Auffi, Si-re, eftant de retour en ce Lieu, jay fçeu que Vivans eftoit party de Sarlac où il eftoit Chef, pour aller trouver Langoyran à Bergerac, & que tous deux voulans retourner au-dit Sarlac l'Entrée leur a efté refufée par ceux de la Ville, lefquels fe font faifis de la Femme & des Enfans du-dit Vivans, & ont rompu fes Coffres, penfant trouver le Butin quil avoit faict dans la-dite Ville. Monfieur de Loffe, ayant fçeu ce Difcord, eft venu d'A-gen en Diligence avec quatre cents Chevaux, pour trouver lefdits Langoyran & Vivans en Campaigne, qui nont voulu attendre, ains ont paffé la Riviere de Dourdoigne, & pris leur Chemin vers Beaulieu en Limofin où ils tiennent quelques Places. Le-dit Seigneur de Loffe les fuivant en a tué douze ou quinze, comme il vous a adverty ces Jours paffez par la Voye de la Pofte.

C'EST

Cest tout ce qui se passe pour ceste Heure en ce Pays, & ne feray faulte dadvertir Vostre Majesté de ce qui surviendra à ladvenir; & obeyray de tout mon Pouvoir aux Commandemens quil vous plaira me faire. Pryant Dieu, Sire, vous maintenir en très-heureuse & longue Prosperité.

De Perigueux , ce xxiv. d'Apvril 1574.

* *

LETTRE XXVI.

Du Seigneur de Bourdeille au Roy Charles IX,

escripte le 5 de May 1574.

Sire,

Jay reçeu la Lettre quil vous a pleu mescripre du seiziesme d'Apvril, par laquelle me mandez que je continue aux Seigneurs & Gentils - Hommes de la Reli-

Religion de ce Pays de demeurer en
leurs Maiſons en Paix , & vivre ſuivant vos EdiⒸs ; ce que je fais : &
ceux , qui mont promis , nont encore
bougé ; meſmes la Dame d'Aubeterre,
laquelle deſire de conſerver ſon Chaſteau en voſtre Obeyſſance , & de obeyr
à vos Commandemens. Mais , elle
na pas Moyen dentretenir les-dits Soldats pour garder le-dit Chaſteau en voſtre Obeyſſance , comme elle & moy
vous avons mandé pluſieurs fois. Et
encore na pas deux Jours que je vous
ay faiⒸ une Depeſche bien ample ſur
ce Sujet. Il vous plaira y mettre
bientoſt Ordre , craignant quil y advienne quelque Inconvenient.

IL vous a pleu auſſi me mander que
incontinent voſtre Lettre veue je vous
alliſſe trouver, & que me vouliez tant
honorer de vous ſervir de moy auprès
de vous. A quoy je ne fauldray de men
aller le pluſtoſt quil me ſera poſſible
pour obeyr à vos Commandemens, &
vous ſerviray bien fidellement. Et cependant jay bien vou.u vous eſcripre
la preſente pour vous faire entendre
comme les Affaires ſe portent de par-
deça.

APRE's que Monſieur de Loſſe a eſté

té venu deſſayer combattre Langoyran & le chaſſer juſques à Beaulieu, il sen eſt retourné à Sarlac, penſant lavoir & mettre en voſtre Obeyſſance par Doulceur, voyant le Barbouil qui eſtoit là-dedans entre eulx; ce quil na pu faire. Et de-là sen eſt venu en ce Lieu, pour mettre Ordre à l'Aſſiegement de Bergerac quil veut faire; & eſt party le dernier Jour d'Apvril avec deux cents Chevaux tant d'Ordonnance que de ceux qui y ſont pour leur Plaiſir, & sen eſt allé trouver Monſieur de Limeuil auprès de Caſtillon, avec les Gens de Pied quil avoit laiſſés avec luy, & de-là pour sacheminer là-où ſont les trois Canons & deux Colevrines, & les Forces de Monſieur de Monferan, pour aller tous enſemble au-dit Bergerac.

Je viens de recepvoir tout à ceſte Heure une Lettre de luy par laquelle il me mande que Langoyran & Vivans ſont dans le-dit Bergerac qui fortifient fort. Toutesfois, jay eſté adverty, quils ont faiſt une petite Aſſemblée à Argentan avec les Viſcomtes, & le Viſcomte de Gourdon eut quelque Diſpute; diſant, quon luy faiſoit Tort, quil neuſt la Charge de commander

à

à Bergerac, & en ce Pays de Perigord, comme il avoit accouftumé, & que le-dit Langoyran ny debvoit point venir commander. Mais, ils fe font accordez, que le-dit Langoyran yroit commander-là deffoubs le Seigneur de Gourdon, & Vivans yroit devers Neyrac, Cafteljaloux, & le Pays des Lanes, commander par-delà : & fairont ce quils pourront pour empefcher l'Affiegement du-dit Bergerac pour l'Importance quils ont de la-dite Ville. Et fi leurs Forces faffemblent pour y venir, je crains bien que Monfieur de Loffe ne fera pas affez fort, sil na Ayde de fes Voyfins, & principallement de Cavallerie.

A ce que je puis voir , que vos Lieutenans de ce Pays ne tafchent quà nettoyer chafcung leur Gouvernement; & navez, Sire , une Ville plus d'Importance pour voftre Service, & pour voftre Pays de Guyenne, que la-dite Ville de Bergerac , & de laquelle l'Ennemy fait grand Eftat ; car, ils la fortifient tous les Jours. A quoy il me femble, que devez mander aux Lieutenans pour Voftre Majefté en ces Pays dy aller avec le-dit Seigneur de Loffe, ou luy envoyer le
plus

plus de Force quils pourront : parce que vous avez vos Pays d'Angoulmois & Limosin, qui nont pas grandes Affaires pour ceste Heure, si nest que Beaulieu en Limosin ; mais, ayant eu Bergerac, on yra après au-dit Beaulieu.

VOILA' tout ce qui se presente pour ceste Heure en tout ce Pays icy, sinon que je pryeray le Createur, Sire, vous donner très-longue & très-heureuse Vie.

De Perigueux, ce v. Jour de May 1574.

***

LETTRE XXVII.

DU SEIGNEUR DE BOURDEILLE A LA REYNE-MERE,

escripte le 5 de May 1574.

MADAME,

JAY reçeu une Lettre du dix-septiesme Jour d'Apvril, quil a pleu au Roy vostre Fils de mescripre, & me commander daller le trouver, & quil me veult tant honorer de se

fer-

fervir de moy auprès de luy. A quoy je ne fauldray men aller devers Vos Majeftez le pluftoft que je pourray, pour obeyr à tous fes Commandemens & aux voftres, lefquels jexecuteray fidellement. Et cependant je nay failly faire une Depefche devers Vos Majeftez, pour vous faire entendre en quel Eftat font les Affaires de ce Pays, comme pourrez voir bien amplement par la Lettre que jay efcript à Ses Majeftez. Je ne vous diray aultre Chofe fi-non que je fupplieray toute ma Vie le Créateur, Madame, vous vouloir donner en parfaite Santé très-longue & heureufe Vie.

De Perigueux, ce v. de May 1574.

LETTRE XXVIII.

DE LA REYNE-MERE AU SEI-GNEUR DE BOURDEILLE,

escripte le 27 d'Apvril 1574.

Mr. DE BOURDEILLE,

NOUS avons veu par vos dernieres, que vous avez assemblé un bon Nombre d'Hommes, pour vous aller joindre avec les Seigneurs de la Vauguyon & Pompadour, qui nous fait promettre, que bientost vous pourrez acouster la Noue avec ses Trouppes, pour les combattre, avant quil soit joinct. Qui sera bien ung des signalez Serces que vous sçauriez faire au Roy Monsieur mon Fils, dont je vous prye bien fort, & le Créateur, Monsieur de Bourdeille, vous avoir en sa saincte & digne Garde.

Escript au Boys de Vincennes, le xvij Jour d'Apvril 1574.

Signé CATHERINE.

Et plus bas, FIZES.

LET-

LETTRE XXIX.

DU ROY CHARLES IX. AU SEIGNEUR DE BOURDEILLE,

escripte le 25 Jour d'Apvril 1574.

M^R. DE BOURDEILLE,

Jay veu par voftre Lettre du xvij du prefent comme la Noue vous fentant approcher avec vos Forces seft retiré avec les fiennes, ayant repaffé la Riviere de Bouthonne. Sur-quoy vous avez refolu de prendre une Route vers Bergerac pour tafcher de la rentrer en mon Obeyffance, ainfi que le Seigneur de Sainct-Mathieu ma faict entendre. Et parce quil sen retourne de de-là bien inftruict de ma Volunté & Intention fur tout ce que vous en pouvez defirer, je ne vous en diray icy aultre Chofe, joinct que je vous ay depuis peu de Jours efcript bien au long & fatisfaict à toutes vos precedentes Depefches. Pryant fur ce

le

le Createur, Monſieur de Bourdeille,
vous avoir en ſa ſainĉte & digne Garde.

Eſcript au Boys de Vincennes le
xxv. Jour d'Apvril 1574.

Ainſin ſigné CHARLES.

Et plus bas, FIZES.

LETTRE XXX.

DE LA REYNE-MERE AU SEI-GNEUR DE BOURDEILLE,

eſcripte le 25 Jour d'Apvril 1574.

M^R. DE BOURDEILLE,
Le Roy Monſieur mon Fils ſatisfait
de Reſponſe à voſtre Lettre du dou-
zieſme du preſent par le Sr. de St.
Mathieu, lequel ſen retourne ſi bien
informé de ſa Volunté & Intention,
ſur toutes Choſes, que je ne vous en
diray icy aultre Choſe, ſi-non pour
pryer le Createur, Monſieur de Bourdeille,

Tome XIV. D

deille, vous avoir en sa saincte & digne Garde.

Escript au Boys de Vincennes, le xxv. Jour d'Apvril 1574.

Signé CATHERINE.

Et plus bas, FIZES.

LETTRE XXXI.

DU ROY CHARLES IX. AU SEIGNEUR DE BOURDEILLE,

escripte le 13 *de May* 1574.

Mr. DE BOURDEILLE,

JAY veu la Difficulté que vous faites, que mes Subjects ne puissent acquitter le quinze mil Livres portées par la Commission qui vous a esté cy-devant envoyée; & les Remonstrances que vous leur avez faictes en cet Endroit, procedant du Zelle & Affection que vous avez tousjours monstré à mon Service : estant bien

fasché

fafché que je ne les en puis foulager du tout ; & le defirerois de bon Cœur pour la Pitié & Compaffion que jen ay. Mais, je fuis tant furchargé d'Affaires, quil fault neceffairement, quung chafcun sefforce de mayder à la Neceffité : affeuré, que ceft Oraige paffé, je fuis en très-bonne Volunté de les defcharger le plus quil me fera poffible.

Vous avez entendu par mes dernieres, que je defirois, après que vous aurez pourveu à ce qui fe prefente de plus preffé de de-là, que vous me vinffiez trouver, me voulant fervir de vous icy, & vous retenir près de moy. Au Moyen de quoy, je vous prie, après que vous aurez fatisfaict à ce que vous jugerez plus expedient & neceffaire pour mon-dit Service, de vous y difpofer ; advertiffant le Sr. de Loffe, ou le Sr. de la Vauguyon, que jay commis en fon Lieu, ayant mandé au dit de Loffe de me venir auffi trouver, de ce que vous jugerez importer mon-dit Service.

Estant bien ayfe, que ceux de Sarlac fe foient rendus Maiftres de la Ville, & quils ayent refufé l'Entrée à celuy qui sen eftoit auparavant faifi,

je

je maſſeure quil y ſera ſi bien pourveu, quils ne retomberont en ceſt
Accident.

Pour le Regard de la Commiſſion
que vous deſiriez pour faire le De-
nombrement d'Hommes capables de
porter les Armes, ceſt Choſe à quoy
il a desja eſté pourveu, & dont jay
eſcript à tous les Gouverneurs de
mes Provinces, Partie deſquels ont
jà ſatisfaiƈt à mon Intention.

J'escrips au Sr. de Ruffec pour ne
travailler le Sr. de Sainƈt-Meſmes ſe
contenant en ſa Maiſon ſuivant mes
Ediƈts, & à luy encore du Contentement que jen ay. Partant je vous
prie leur faire tenir mes Lettres, qui
eſt tout ce que vous aurez à preſent
de moy, après avoir prié le Createur
vous avoir, Monſieur de Bourdeille,
en ſa ſainƈte Garde.

Eſcript au Chaſteau de Vincennes,
le xiıj Jour de May 1574.

Signé CHARLES.

Et plus bas, FIZES.

L E T-

LETTRE XXXII.

DE LA REYNE-MERE AU SEIGNEUR DE BOURDEILLE,

escripte le 13 *de May* 1574.

M^R. DE BOURDEILLE,

Le Roy Monsieur mon Fils satisfait de Response à vos dernieres Lettres, & desire, que, après que vous
aurez pourveu de-là à ce que vous
pourrez juger appartenir au Bien de
son Service, que vous le veniez trouver, ayant fait Estat de vous retenir
près de luy. Je vous prie de vous disposer à len satisfaire, & je prieray
le Createur, Monsieur de Bourdeille,
vous avoir en sa sainte & digne Garde.

Escript au Boys de Vincennes, le
xiij Jour de May 1574.

Signé CATHERINE.

Et plus bas, FIZES.

D 3   LET-

LETTRE XXXIII.

DU SEIGNEUR DE BOURDEILLE AU ROY CHARLES IX,

escripte le 17 de May 1574.

SIRE,

JE vous avois faict une Depesche le cinquiesme de ce Mois, par laquelle je vous faisois entendre ce que se passoit en ce Pays ; &, despuis ce Jour-là, est survenu, que Mardy dernier, environ Midy, je fus adverty, que le Sr. de Puymartin, Chevallier de vostre Ordre, Beau-Frere de Monsieur de Losse, avoit prins & gaigné une des Portes & une Tour de la Ville de Sarlac, par Intelligence quil avoit avec aulcungs de ceux qui estoient dedans. Et craignant, que ceux de Bergerac, ou aultre de leur Faction & voisins, eussent voulu secourir leurs Compaignons, incontinent jay adverty plusieurs Gentils-Hommes & Seigneurs de

mes

mes Parens & Amys, quils me vinf-
fent trouver ; ce quils firent le Lendemain bon matin : & , cependant,
jadvertis deux Compaignies de Pied,
que Mr. de Loffe mavoit laiffées, pour
marcher droit vers Montigniac , où
javois donné le Rendez-vous. Et
ainfin que je voulois monter à Cheval avec cefte Nobleffe , pour aller
fecourir le Sr. de Puymartin , je fus
adverty, que la-dite Ville eftoit du
tout en voftre Obeyffance.

Non content de cela , je depefchis
ung Homme , & efcripvis au-dit Sr.
de Puymartin, le pryant de men faire certain : lequel me fit Refponfe
telle que pourrez voir par ung Dou-
ble de fa Lettre que je vous envoye.
Et voyant quil navoit point Befoing
de Forces , jay donné Congé aux Seigneurs & Gentils-Hommes que javois
affemblez, de fe retirer en leurs Maifons, affin de leur efviter Defpenfe,
& pour le Soulagement de voftre pouvre Peuple. Tous lefquels mont affeuré, que toutes fois & quantes que
je leur manderay pour voftre Service,
ils ne fauldront à venir; vous affeurant, Sire, quils y vont dung fort
bon Zelle.

D 4

ET

ET, ayant reçeu la-dite Responfe du-dit Sieur de Puymartin, je luy ay derefchef envoyé ung Homme, pour fçavoir plus amplement la Verité & Confirmation de fa derniere Lettre : lequel me fit aultre Responfe, comme pourrez voir par une Coppie que je vous en envoye, par laquelle cognoiftrez ceux qui font dans la-dite Ville pour voftre Service. Et me femble, Sire, que leur debvez Efcripre, & entre aultre au-dit Sr. de Puymartin, qui eft Caufe de la Reprinfe de la-dite Ville, & eft Homme de Service : & auffi un nommé Prouhet, lequel fit l'Entreprinfe avec le-dit Sr. de Puymartin, qui demande la Confifcation & Amende de voftre Lieutenant de Sarlac, qui fut Caufe de la Reddition du-dit Sarlac la premiere fois aux Huguenots ; ce que me femble que vous la luy devez octroyer : &, en ce faifant, fera une Occafion, que tous cognoiftront quavez bonne Envie de remunerer ceux qui vous font Service. Le Sieur de Loffe a efté adverty du tout, affin dy mettre Ordre.

JAY reçeu cejourd'huy une Lettre de luy, qui, eft à Tonneins, dattée du treiziefme du prefent Mois, par
la-

laquelle il me mande, que le Sr. de la Vallette & luy font joincts enfemble avec l'Artillerie, penfant que le-dit Tonneins vouluft tenir; mais, tous ceux, qui eftoient dedans, fe font retirez à Cleyrac: & les Srs. de la Vallette & de Loffe sen vont devers ledit Cleyrac avec leurs Forces, & layant pris sen viendront devers Bergerac. Toutesfois, jeuffe bien voulu que ce fuft efté pluftoft parce que Langoyran fortifie le plus quil peut le-dit Bergerac; &, à ce que je puis voir, il couftera bon devant quon laye : & vous importe beaucoup, & à ce Pays-cy, comme je vous ay tousjours mandé. Et fi vous me euffiez mis une Compaignie de Gens d'Ordonnance en ce Pays, je euffe bien empefché que vos Ennemis ne euffent pas faict ce quils ont faict & quils font tous les Jours.

SIRE, il y a un Gentil-Homme nommé Beaulieu, qui paffa il y a huict Jours en cefte Ville, & sen alloit à Montauban devers Monfieur de Terrides pour voftre Service, eftant en affez bon Equipage : & le Lendemain, quil fut party dicy, il me revint trouver tout defvalifé ; & me dit, que ceulx de Bergerac leftoyent venu pren-

D 5

dre en son Logis , & ne luy avoient rien laissé. Ce nonobstant, il estoit requis & necessaire quil parachevast la Nuict son Voyage. Quoy voyant , mesmes de tant quil estoit question du Service de Vostre Majesté , je laccommodis de Cheval & d'Argent. Quest la Cause, Sire, que je vous envoye ce present Porteur , pour vous faire entendre ce que dessus, & aultres Choses que je luy ay donné par Mémoire. Vous supplyant très-humblement me mander vostre Volunté , affin que je laccomplisse de Poinct en Poinct fidellement : & le feray dausfi grande Affection , que je prie Dieu, Sire, quil maintienne Vostre Grandeur en bonne Prosperité & très-longe Vie.

De Perigueux, ce xvij May 1574.

LETTRE XXXIV.

DU SEIGNEUR DE BOURDEILLE
A LA REYNE-MERE,

efcripte le 17 *de May* 1574.

MADAME,

DESPUIS la Derniere Depefche que je vous fis le cinquiefme de cc Mois, concernant ce qui fe paffoit de par de-çà, eftant defpuis venu nouvelle Occafion de vous faire entendre en quel Eftat font les Affaires de ce Pays, jay bien voulu depefcher ce Gentil-Homme prefent Porteur; pour vous en faire certaine : lequel vous difcourra bien amplement fur le tout. Et auffi vous pourrez voir, par la Lettre que jefcrips au Roy, l'Eftat de toutes Chofes. Et là-deffus, Madame, il vous plaira advifer queft ce que je doibs faire, affin que je mette Peine dexecuter fidellement vos Commandemens felon voftre Volunté. Jadjouf-

D 6
jouf-

jousteray en ce Faict laffectionné Desir quont une infinité de Gentils-Hommes de ce Pays au Service de Vos
Majestez, affin que vous ne doubtiez,
Madame, que tous nemployons de
bon Cœur nostre Vie, & ce qui en
depend pour ce faire. Sur cela, je feray Fin, pryant Dieu, Madame, quil
maintienne Vostre Grandeur en toute Prosperité très-heureuse & longue
Vie.

De Perigueux, ce xvij Jour de May
1574.

LETTRE XXXV.

DU SEIGNEUR DE BOURDEILLE AU DUC D'ALENÇON.

escripte la 17 de May 1574.

MONSEIGNEUR,

PARCE QUE le Roy ma commandé
expressement, que je ne faillisse de
ladvertir de ce qui se passe en ce
Pays

Pays concernant son Service , je nay
voulu faire Faulte à depescher ce Gentil-Homme present Porteur , comme
il vous dira , & comme pouvez voir
par la Lettre que jescrips à Sa Majesté. Qui me gardera vous en faire
plus long Discours , si-non que incontinent que le-dit Porteur sera de retour , je ne fauldray daller vers vous ,
pour obeyr à vos Commandemens. Et
mettray toutes les Peines quil me sera possible pour les accomplir : & par-
là cognoistrez , que je nespargneray
ny ma Vie , ny mes Biens , pour ce
faire. Parquoy, Monseigneur, je vous
supplyeray très-humblement me tant
honnorer que de le croire. Sur cela,
je prie Dieu , Monseigneur, quil vous
doine la Puissance de maintenir Vostre Grandeur en toute Prosperité heureuse & longue Vie.

De Perigueux , ce xvij de May
1574.

XXXVI. MEMOIRES

BAILLEZ A LA BEYLIE,

pour faire entendre & remonſtrer au Roy ce que deſſoubs, de la Part du Seigneur de BOURDEILLE *, envoyés à Sa Majeſté le xvij de May au-dit An* 1574.

ET premierement, que le-dit Seigneur de Bourdeille, ayant entendu que le Seigneur de Puymartin avoit ſurprins une des Portes de Sarlac & une Tour, il avoit aſſemblé promptement pluſieurs Gentils-Hommes ſes Parens & Amis pour le ſecourir, & mandé à deux Compaignies de Gens de Pied, quavoyent eſté laiſſées par le Seigneur de Loſſe en ce Pays de ſe rendre promptement en la-dite Ville de Sarlac. Et eſtant preſt de monter à Cheval fut adverty, que la-dite Ville eſtoit entierement en l'Obeyſſance de Sa Majeſté: que fut la Cauſe quil fit retirer les-dits Gentils-Hommes, affin de ſoulager le Peuple; & envoya

ya par-devers le-dit Seigneur de Puymartin par deux fois, pour entendre
comme toutes Chofes feftoyent paffées : lequel luy fit Refponfe telle que
Sa Majefté pourra voir par les Dou-
bles des Lettres du-dit Seigneur de
Puymartin.

Aussi a efté adverty, que plufieurs
de la Religion de ce Pays, qui nef-
toyent partis encore de leurs Maifons
defpuis quinze Jours en çà, font allez
trouver la Noue pour tous enfemble
fefforcer de combattre Monfeigneur
de Montpencier.

Et au contraire, partie des Gentils-
Hommes de Xainctonge, entre aultres les
Seigneurs de Guitinieres, de Vergneul,
Jonzac, Montandre le jeune, Ruffin,
Fontaines, & Mouzac, fe font retirez en leurs Maifons, en Deliberation de ne fuivre plus le-dit la Noue,
ains de vivre deformais en leurs-dites
Maifons felon la Volunté du Roy, &
foubs le Benefice de fes Edicts ; aufquels Sa Majefté advifera sil fera bon
quil leur efcripve, pour les retenir
en cefte bonne Volunté : en laquelle
les Gentils-Hommes, qui avoyent
promis cy-devant audit Seigneur de
Bourdeille de ne partir de leurs Maifons,

fons, ont perseveré despuis, tellement quils luy ont confirmé la-dite Promesse par plusieurs fois.

Aussi, que le quatorze du present Mois le Seigneur de Puyderogers, ayant esté adverty quil passoit environ cent Huguenots près de Sa Maison de Sainct-Almere, accompaigné seulement de vingt-cinq Hommes les chargea en ung Village appellé Sainct-Geyrac, où il fut à-la seconde Charge extrêmement blessé : & un Gentil-Homme de ceux qui estoient avec luy, nommé le Seigneur Labatue, Homme de Maison & de bonne Esperance, y fut tué dune Harquebouzade, & trois Soldats des leurs, & plusieurs blessez. Et du Cousté des-dits Huguenots y en demeura six ou sept; lesquels se voyant chargez de telle Furye, bien que la Partie fust mal faicte, deslogerent de tel Effroy du-dit Village de Sainct-Geyrac, quils y laisserent une Charge d'Eschelles de trois quils conduisoient pour surprendre quelque Place de ce Pays, ensemble y laisserent beaucoup dautre Bagage.

Fault aussi remonstrer, que les-dits Huguenots fortifient bien fort la Ville de Bergerac, & pour cet Effect con-
trai-

traignent les Payfans de trois & quatre Lieues des Environs daller travailler à la Fortification dudit Lieu; ce que ledit Seigneur de Bourdeille euft empefché, sil euft près de luy une Compaignie de Gens d'Armes, laquelle feroit beaucoup plus de Service en une Heure, que le Grand Nombre de Compaignies de Gens de Pied qui font levées en ce Pays, ne fçauroient faire en un An; car la plufpart ne fert que de manger & fouler le pouvre Peuple. De façon que fi les - dites Compaignies ne font payées & difciplinées aultrement, les Recepveurs ne pourront eftre payez par-deçà des Tailles, pour l'extrême Pouvreté en laquelle la plufpart des Habitans de ce Pays font reduicts. A çe Moyen feroit bon que le Roy y pourveuft : car, le Seigneur de Loffe a feullement avecques luy une Partie de la Compaignie de Monfeigneur l'Admiral, & ne fait aulcung Eftat de celle du Roy de Navarre

DAVANTAGE, faira entendre à Sa Majefté, que le Sr. de Beaulieu, sen allant par fon Commandement à Montauban parler au Seigneur de Terrides, fut defvalifé de trois Chevaux, & de
deux

deux cents Efcus, en ung Lieu appellé Sainct-Brieux par les Huguenots de Bergerac. Et, affin que le Service de Sa Majefté ne fuft retardé, ledit Seigneur de Bourdeille accommoda ledit de Beaulieu d'Argent & Chevaux, comme le-dit de Beaulieu en efcript bien au long à la Reyne.

PAREILLEMENT fera remonftré à Leurs Majeftez, que le Sr. de Bourdeille fuft allé trouver Monfieur de Montpencier à Fontenay, fuivant le Commandement, que le-dit Seigneur luy en avoit faict, neuft efté quil attend de Jour à aultre le Retour du Seigneur de Loffe pour aller affieger Bergerac, lequel luy a mandé de tenir preft la Nobleffe de ce Pays pour ceft Effect.

EN OULTRE, quil plaife au Roy avoir efgard à ce que le Seigneur de Bourdeille, puis le Renouvellement de ces Troubles, a fupporté tous les Fraix quil a fallu faire en ce Pays, pour affembler fa Nobleffe & Gens de Guerre, entretenir Efpions, Meffaigers, & aultres Chofes neceffaires pour le Service de Sa Majefté. A cefte Caufe, quil luy plaife donner Moyen, affin quil puiffe continuer comme il
de-

deſire de ny eſpargner Vie ny Biens.

QUIL plaiſe auſſi à Ses Majeſtez deſcripre aux Seigneurs de la Douze ,
de Puyderogers , de Montanceys , de
las Couſts , de Reſtigniacs , de Carlus ,
& de Couſtures , qui ſont Gentils-Hommes fort affectionnez au Service de
Leurs Majeſtez , leſquels pour ceſt
Effect ſont ordinairement en la Compaignie du Seigneur de Bourdeille ,
affin de les accourager à continuer ceſt
aſſidu Service.

ET honnorer tant les Seigneurs de
Montanceys & de Couſtures , que de
leur bailler ſon Ordre , & de tous les
ſuſdits Articles faire Reſponſe au-dit
Seigneur de Bourdeille.

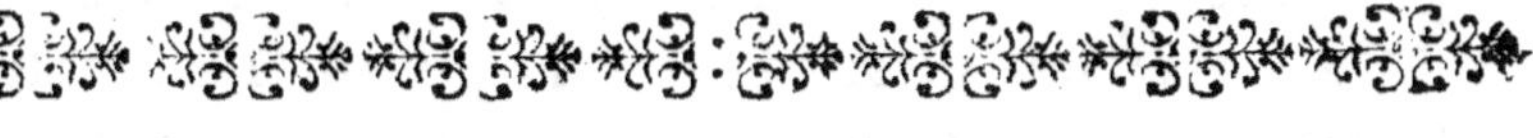

LETTRE XXXVII.

DU ROY CHARLES IX. AU SEI-
GNEUR DE BOURDEILLE,

eſcripte le 25 de May 1574.

M^R. DE BOURDEILLE,

PAR ma derniere Lettre , je vous
ay eſcript , que après avoir pourveu
de-là à ce qui vous ſembloit le plus
preſ-

preffé en mes Affaires, vous vous dif-
pofiffiez à me venir trouver, pour
ce que je me veulx icy fervir de
vous. Defpuis, jay reçeu vos Lettres
du dix-feptiefme du prefent, avec le
Memoire qui ma efté rendu avec ycelles, contenant le Difcours de la Re-
duction de Sarlac dont javois desjà
efté adverty, & fçeu la Volunté que
vous aviez de my faire ung bon Service, dont je nay jamais doubté,
vous y ayant tousjours trouvé auffi
prompt que je leuffe fçeu defirer. Or
ceft beaucoup faict quelle ayt efté levée en quelque Façon que ce foit des
Mains de mes Ennemis, mefmes eftant
de telle Importance que me mandez:
& maffeure que le Sr. de Loffe &
vous donnerez fi bon Ordre, quelle ne tumbera en aultre quà ma
Main.

JESCRIPS au Sr. de Puymartin fuivant voftre Advis, Prouhet, & aultres, les Lettres y clofes, enfemble
à ceulx de la Religion que vous me
mandez feftre retirez en leurs Maifons, en Intention dy vivre dorefna-
vant foubs l'Obfervation de mes E-
dicts. Sils perfeverent en cefte faincte
Refolution, vous les pourrez af-
feu-

feurer quils feront confervez ainfin quils defirent, & quil ne leur fera ufé de pire Traictement que à mes aultres bons & loyaux Subjects, ainfin que je le mande auffi ausdits Sr. de Loffe & de la Vallette.

JAY veu au refte comme vous avez accommodé Beaulieu de quelque Argent en fa Neceffité, & après avoir efté defvalifé; ce que je vous feray rembourfer comme la Raifon le veult.

AYANT efté auffi adverty comme les Srs. de Loffe & de la Vallette font après à reprendre tous les Lieux occupez par mes Ennemis, & difpofez de bientoft attaquer Bergerac, où je fçay quils ont tous tant d'Affection, que je nen puis efperer que le Succès heureux, & à mon Contentement, non-obftant la Fortification quils y ont faicte, laquelle ne fuffira à les affeurer de la Crainte en laquelle ils font entrez pour les Pertes quils ont faictes defpuis quelque temps ençà au-dit Pays.

JE fçay fort bien, que, ayant eu affez long-temps auprès de vous la No-bleffe du Pays, il ne peut eftre que nayez beaucoup defpendu. Mais ,

af

affeurez-vous, que Dieu me faira la Grace de recognoiftre vos Services, & vous remunerer felon que jen ay la Volunté & Intention, soffrant l'Occafion, dont jauray la Souvenance que pouvez defirer. Pryant fur ce le Createur, Monfieur de Bourdeille , vous avoir en fa faincte Garde.

Efcript au Chafteau de Vincennes, le xxv. Jour de May 1574.

Signé CHARLES.

Et plus bas FIZES.

Et fur la Marge eft efcript :

M^R. DE BOURDEILLE,

JE vous envoye le Brevet de la Confifcation du Lieutenant particulier de Sarlac au Nom des Srs. de Puymartin & Prouhet, fuivant ce que vous avez mandé.

E T.

LETTRE XXXVIII.

DE LA REYNE-MERE AU SEIGNEUR DE BOURDEILLE,

efcripte le 25 *de May* 1574.

M^R. DE BOURDEILLE,

Le Roy Monfieur mon Fils defire, que, fitoft que les Affaires feront bien difpofées de de-là, que vous le veniez trouver, fe voulant icy fervir de vous, comme de Perfonnage quil eftime. Partant, vous regarderez à ly fatisfaire, me remettant pour le Surplus de la Refponfe à vos Lettres à ce que Sa Majefté vous en efcript, dont je ne vous uferay icy de Rediéte, & pryeray feullement le Createur, Monfieur de Bourdeille, vous avoir en fa faincte Garde.

Efcript au Chafteau du Boys de Vincennes, le xxv Jour de May 1574.

Signé CATHERINE.

Et plus bas, FIZES.

XXXIX.

XXXIX. MEMOIRE

A LA BEYLIE,

de remonstrer ce qui sensuit à la Reyne-Mere, de la Part du Seigneur de Bourdeille.

PREMIEREMENT, que le Dimanche daprès la Pentecoste, e-dit Seigneur de Bourdeille fut adverty de la Mort du feu Roy, estant en ceste Ville, ayant avecques luy plusieurs Seigneurs & Gentils-Hommes, qui luy avoient faict ce Bien de le venir voir. Il les fit appeller, ensemble Messieurs de l'Eglise & de la Ville, leur remonstrant la Perte que nous avions eu de la Mort du feu Roy, & que nous en avions ung aultre vray, legitime, & Successeur de la Couronne, Amateur de ceste France, & desireux du Repos public, comme il a faict cognoistre plusieurs fois par les Victoires quil a obtenu de tant de belles Battailles; quest le Roy de Poulogne, lequel est a present nostre Roy.

TOUS

Tous dune Voix promirent au-dit Seigneur de Bourdeille de garder leur Ville en fa Subjection & Obeyſſance, comme à leur vray & legitime Roy, & laſſeurerent, quils ne luy fauldront juſquà la derniere Goutte de leur Sang; Monſieur le Viſcomte d'Orte y eſtant preſent & auſſi Monſieur l'Advocat General du Roy au Parlement de Touloufe, qui eſtoit vénu de Priſon. Le-dit Seigneur de Bourdeille en a faict autant en la Ville de Sarlac, les Habitans de laquelle luy ont faict pareille Reſponſe. Il plaira à Sa Majeſté de leur eſcripre, affin de les faire continuer en ceſte bonne Volunté.

REMONSTRERA auſſi, que, incontinent que le-dit Seigneur de Bourdeille eut entendu, que les Srs. de la Vallette & de Loſſe avoyent mis en Route les Viſcomtes & leurs Trouppes, eſtant adverty quils vouloyent paſſer au Pays de Sarladois, il manda pluſieurs Gentils-Hommes de ſe trouver à Montigniac, là-où il ſe trouva cinquante ou ſoixante Gentils-Hommes. Et eſtant illec aſſemblez le-dit Seigneur de Bourdeille leur fit pareille

Remonstrance quil avoit faictes éfdites Villes de Perigueux & de Sarlac. Lefquels tous dunc Voix feirent Refponfe, quils employeroient leurs Vies & Biens pour faire très-humble Service au Roy comme fes bons Subjects : mefmes les Seigneurs de Raftigniac, qui y eftoient, & lefquels font tousjours prefts avec trente ou quarante Chevaux de leurs Amys, quand le-dit Seigneur de Bourdeille leur mande pour le Service du Roy.

Il avoit pleu au feu Roy de donner auxdits Seigneurs de Raftigniac l'Abbaye de la Chaftre en la Faveur du Roy prefent ; laquelle Abbaye eft de grande Confequence pour ce Pays ; par ce, il plaira à la Reyne de leur efcripre & commander quils la gardent bien, & nén bougent jufques à la Venuë du Roy.

Aussi fault remonftrer à Sa Majefté, quon laiffera faire la Recolte des Fruicts autour de Bergerac, auffi bien comme on a laiffé fortifier la Ville, & que les Ennemis prennent tousjours quelques petits Forts. Et fi on ny fait aultre Chofe que ce quon faict, on cognoiftra avec le Temps combien im-

importe la-dite Ville de Bergerac par toute la Guyenne , comme le-dit Seigneur de Bourdeille la mandé par plufieurs fois au-dit feu Roy , & demandoit une Compaignie de fes Ordonnances, pour empefcher quils ne couruffent point fi près de luy : remonftrant, que le Sr. de Loffe navoit point de Compaignie en ce Pays, & que ceux de Bergerac viennent tous les jours courir jufques auprès de cefte Ville ; ce que ledit Seigneur de Bourdeille empefcheroit , sil avoit quelques Forces. Par-quoy, il plaira à Ses Majeftez luy en bailler, ou luy donner Congé pour sen aller. Car , il y a quatre Mois quil eft en cefte Ville , & a faict tout ce quil a pu pour conferver tout ce Pays, & pour faire vivre tout le Monde en Paix , mefmes ceux de la Religion , qui luy avoyent promis ne bouger de leurs Maifons, ne bougent encore, & luy ont promis derefchef puis peu de Jours de ne bouger point.

Plus , remonftrera à Ses Majeftez, comment quinze Jours avant la Mort du feu Roy, le-dit Seigneur de Bourdeille , voyant que les Seigneurs

E 2

d'Aud'Aubeterre & d'Achon fe preparoient pour faire des Affemblées lun contre laultre affin de faire la Recolte des Fruicts de cefte Année de la Baronnie d'Aubeterre, & voyant que cela feroit prejudiciable au Service de Ses Majeftez, & au Foulement du Peuple, il sadvifa defcripre à Monfieur de Ruffec, & luy manda quil trouvaft Moyen de faire condefcendre le-dit Sr. d'Achon en Accord; & que de fa Part le-dit Sr. de Bourdeille fe affeuroit de faire venir ceux d'Aubeterre à Raifon; luy remonftrant les Inconveniens qui en pourroient advenir en fon Gouvernement. A quoy ils avoyent tant faict, quils les avoyent accordez pour cefte Année.

En ce que la Dame d'Aubeterre doibt mettre le Chafteau dudit Lieu entre les Mains du Roy, ledit Seigneur de Bourdeille fupplye humblement Ses Majeftez de le luy donner en Garde, & il y mettra ung Gentil-Homme de Bien & d'Honneur, pour garder fidellement ledit Chafteau en fon Obeyffance. Et fi Sa Majefté octroye cefte Requefte, il luy plaira bailler Commiffion pour l'Entretenement de

vingt-

vingt-cinq Hommes , leur Capitaine & Lieutenant, sur toute la Terre dudit Lieu d'Aubeterre & circonvoisins , ou autres Lieux que bon semblera à Ses Majestez. Aussi fault avoir une aultre Commission pour faire payer les Arrairages au Capitaine Chambrelane de ceux qui nont pas voulu payer. Et, par ce Moyen , le-dit Chasteau d'Aubeterre sera tenu & observé en l'Obeyssance de Ses Majestez.

DAVANTAGE remonstrera comment ledit Seigneur de Bourdeille a entendu que Sa Majesté a escript à Monsieur de la Vauguyon, & à Messieurs des Cars & de Pompadour , de sen aller trouver le Seigneur de Montpencier, que sera cause que beaucoup de Gentils-Hommes, tant du Pays de Perigord que de Limosin sen yront avec eulx ; & , par ce Moyen, les-dits Pays demeureront desnuez de Forces : & sera bien aysé aux Ennemis de faire la Recolte des Fruicts, veu quil ne demeurera pas un seul Homme à Cheval en tout ce Pays de Perigord pour les en empescher.

QUANT aux Seigneurs & Gentils-Hommes de ce Pays , le - dit Seigneur de Bourdeille les rassemble

E 3.

fon-

fouvent quand les Occafions fe prefentent, pour le Service de Leurs
Majeftez : mais font Gens voluntaires, qui ne peuvent tousjours demeurer enfemble; &, dès quils font
retirez en leurs Maifons, les Ennemis
tiennent la Campaigne : & y font à
cefte Heure de telle forte, quil ne
fault point que le Roy sattende de
lever que bien peu de Tailles, ny
eftre payé de fes Decimes, sil ny
eft mis aultre Ordre, parce que les-
dits Ennemis tiennent & occupent
tous les Benefices de ce Pays. A cefte Caufe, il eft fort neceffaire dy
envoyer deux Compaignies de Gendarmes, pour efviter ce que deffus.

AUSSI remonftrera à Ses Majeftez,
que le Fils aifné d'Aubeterre eft tousjours avecques ledit Seigneur de Bourdeille, & que de la Part de Langoyran
luy a efté parlé de la Trefve pour ce
Pays, comme ce prefent Porteur dira.

FINABLEMENT, que le Seigneur de
Loffe eft devers Sarlac, & a prins
deux ou trois petits Forts, que les
Ennemis tenoient là autour. Et que
ledit Seigneur de Bourdeille attend
fa Venuë en cefte Ville, pour mettre
Ordre & trouver Moyen dempefcher

que

que les Ennemis ne faffent la Recolte des Fruicts : mais , ils nont pas
grand Moyen de ce faire. Plaira à
Ses Majeftez de commander audit
Seigneur de Bourdeille ce quil a
affaire pour leur Service.

LETTRE XL.

DU SEIGNEUR DE BOURDEILLE A-LA REYNE-MERE,

envoyée par la Beylie , le 26 de Juing
1574.

MADAME,

LE Dimanche demprès la Pente-
coufte je fus adverty du Malheur qui
eftoit advenu à cefte pouvre France
pour avoir perdu un fi bon Roy voftre Fils, quelle fe fent fort defolée.
Auffi avions-nous Efperance , comme
nous le voyions du tout ardent &
affectionné, fuivant en cela voftre
bon Advis & Confeil, de y mettre
une telle Paix & Union , quen bref
nous euffions eu tousjours Occafion de
nous contenter.

TOUTES-FOIS , Madame, on dit en
E 4   com.

commun Proverbe, quaprés tant de
Pertes & Malheurs quil plaift à Dieu
nous envoyer, il tourne fon Ire,
nous regardant dung Oeil de Pitié &
Miféricorde, & nous remet en Profperité : comme il nous fera tefmoi-
gné, sil luy plaift à l'Advenement du
Roy de Poulogne, voftre Fils, noftre
vray & legitime Roy; lequel a par
tant de fois donné Experience de
fa grande Providence & Vertu, que
nous nen pouvons efperer, que
tout Bien & Repos en ce pouvre
Reaulme, lequel a très-grand Befoing
de fa Venuë. Et, en lattendant, je
luy voue, comme à mon Roy, tout
le fidele Service & Obeyffance que
doibt un bon Subject. Et vous, Madame, je vous recognois comme la
Mere de mon Roy & Regente ; fupplyant très-humblement Voftre Majefté de me commander ce que je
doibs faire, pour macquitter du fidele Service que je vous doibs.

Et pour vous faire entendre comme toutes Chofes fe paffent de par-
deçà, le Jour-mefme que jentendis
la Mort du feu Roy voftre Fils, je
appellis Meffieurs de l'Eglife, de la
Nobleffe, & de la Ville, leur declairant
noftre

noſtre commune Pertè, & que Dieu ne nous avoit point du tout oubliez, nous ayant laiſſé un Roy ſon Succeſſeur; lequel eſt doué de tant de Vertus, que chaſcun nen peut doubter, luy ayant veu faire ceſte Experience tant de fois, & le tout en la Faveur du Repos public, quayant ceſte Obligation avec la naturelle Obeyſſance que nous luy debvons, il fault que nous remettions toute noſtre Affection & Fidelité à ſon Service. Ce que tous d'une commune Voix maſſeurerent de faire, & en ſon Abſence vous recognoiſtre comme Mere de noſtre Roy, & Regente. Jen ay autant mandé à ceulx de la Ville de Sarlac, qui mont fait pareille Reſponſe.

Je croy, Madame, quavez pour agréable ce que jen ay fait, ayant procedé en cela comme l'Affection & Debvoir me le commandoit. Auſſi, Madame, ces Jours paſſez, craignant, comme il eſtoit bien apparent, que ceulx d'Aubeterre & d'Achon ſaſſemblaſſent les ungs contre les aultres, pour la Recolte des Fruicts de la Baronnie d'Aubeterre, & voyant que cela importoit grandement le Service du Roy & le Repos public,

E 5

jay,

jay advifé efcripre à Monfieur de Ruffec, luy remonftrant les Inconveniens
qui pourroient advenir en fon Gouvernement, le pryant de les accorder
de ces Fruicts pour cefte Année, laf-
feurant que je ferois venir ceux d'Aubeterre à Raifon, comme defpuis ils
ont fait ; & font daccord, par telle Convenance, que la Dame d'Aubeterre doibt remettre le Chafteau
du-dit Lieu en l'Obeyffance du Roy,
aux Conditions que ce Gentil-Homme
prefent Porteur vous dira. Vous fupplyant très-humblement, Madame, dè
confiderer combien le-dit Chafteau importe pour le Pays, & le remettre entre mes Mains ; car, je vous nommeray Gentil Homme, Homme de Bien
& d'Honneur.

Il vous a pleu me mander par le
Gentil-Homme que je vous avois
envoyé, que je ne bougeaffe encore
de ce Pays. Il vous plaira me commander ce que je doibs faire. Et, fur
cela, je prieray le Createur, Madame, quil veuille maintenir voftre Grandeur en toute Profperité très-longue
& heureufe Vie.

De Perigueux, ce xxjx de Juing
1574.

L E T.

LETTRE XLI.

DU SEIGNEUR DE BOURDEILLE
AU DUC D'ALENÇON,

escripte le 29 *de Juing* 1574.

MONSEIGNEUR,

Le Malheur ma esté si grand par les trois fois que je me suis acheminé, mesmes à ce Coup, estant prest à monter à Cheval, pour aller devers vous, affin de vous faire cognoistre combien je vous suis fidele Serviteur. Mais, la Reyne Vostre Mere ma mandé par le Gentil-Homme que javois envoyé devers le feu Roy vostre Frere, que je ne bouge dicy.

A ceste Cause, jay depesché ce Gentil-Homme present Porteur, pour sçavoir ce quil luy plaira me commander, & luy fais entendre comme toutes Choses se font passées de par-deçà, comme vous pourez entendre par cedit Porteur.

E 6.

ET

ET puifque jay ce Malheur de ne vous voir fitoft que je defirerois bien, je prendray la Hardieffe de vous mander ce petit Mot, pour vous fupplyer très-humblement de penfer & voir combien la pouvre France eft defolée par la Mort du feu Roy voftre Frere; laquelle ne fe peut remettre fans voftre bonne Ayde & Confeil que devez donner à la Reyne voftre Mere ; laquelle ne defire aultre Chofe que la Grandeur du Roy voftre Frere & la voftre, avecques le Repos de ce pouvre Reaulme. Et, en ce faifant, Monfeigneur, nous ne pouvons efperer que une bonne Paix, en attendant la Venuë du Roy voftre Frere; lequel eftant icy, par les Prieres & Supplications que vous luy ferez pour ce pouvre Reaulme, tant affligé, nous recepvrons toute Confolation & Resjouyffance, que vous fera un Los immortel : & l'Union & Amitié de vous deux baillera Crainte & Intimidation à tous ceux qui vouldroyent entreprendre fur vos Grandeurs & Couronne de France, qui ne fe peut aultrement conferver, que par ce Moyen.

Vous

Vous supplyant très-humblement , Monseigneur, me vouloir pardonner, si je vous parle en ceste Façon. Cest le Zelle que jay au Service de vous deux, pour lesquels je sacrifieray tousjours ma Vie. Si vous voyez que mon Service vous soit agreable auprès de vostre Personne , je vous supplyeray très-humblement dobtenir mon Congé de la Reyne vostre Mere ; vous asseurant, que je ne fauldray dy aller. Et attendant vos Commandemens , je prieray le Createur , Monseigneur , quil maintiegne vostre Grandeur en toute Prosperité très-longue & heureuse Vie.

De Perigueux, ce xxjx de Juing 1574.

LETTRE XLII.

DU SEIGNEUR DE BOURDEILLE A LA REYNE-MERE,

envoyée par le Baron d'Auton, le 8 de Juillet 1574.

MADAME,

Je depeschis ung Gentil-Homme devers Vos Majestez le trentiesme du Mois passé, par lequel je vous ay fait entendre tout ce qui se presentoit de par-deçà, & entre aultres Choses, quon parloit de faire la Trefve en ce Pays. Le Seigneur de Losse est arrivé icy il y a deux Jours, auquel jay communiqué de la-dite Trefve, ce quil a trouvé fort bon, & a esté d'Advis que jaye renvoyé devers le Sr. de Longa, lequel men avoit parlé, pour sçavoir ce quil vouloit dire, & pour le vous faire sçavoir ayant sçeu leur Volunté. Et si avez fait la Trefve avec ceux de Poictou, Xainctonge, &

An-

Angoulmois, comme on dit, vous feriez fort bien denvoyer icy de la Cavallerie, affin de contraindre les Ennemis de faire pluftoft la Trefve.

ET fi on voit, quils foyent opiniaftrez à la faire, vous pourriez commander à Monfeigneur de Montpencier, de y venir luy-mefme en Perfonne à toutes fes Forces, avec Commandement à Monfieur de Biron de donner Pouldres & Artilleries pour aller affiéger Bergerac, lequel eft de grande Conféquence pour le Service du Roy, & auffi pour obvier à plufieurs Deffeins quils ont. Car, ils attendent les Forces quon dit venir de Languedoc pour fe joindre avecques eulx, queft quatre mille Harquebufiers & mille Chevaux, lefquels sen viennent en ce Pays, par ce quon dit que la Trefve eft faicte de ce Coufté-là. Aulcungs dient, que ceft pour aller en France. Et sils saffemblent, ils prendront des Places en ce Pays, qui feront mal-ayfées à reprendre, sil ny a de la Cavallerie.

CAR, je vous affeure, Madame, que le-dit Seigneur de Loffe na pas un feul Homme à Cheval, fi neft quelques Gentils-Hommes qui font à fa Suite

pour

pour leur Plaifir. Et fi ne mettez Ordre en ce Pays bientoft, je craings bien quil y adviendra plus de Malheur que vous ne penfez. Par-quoy, Madame, il vous plaira d'y advifer. Ce Gentil-Homme prefent Porteur vous fera entendre plus amplement ce qui fe fait au Pays de Gafcoigne, car, il y a efté toutes ces Guerres, avec Mr. de Vefin, & en vient; vous affeurant, quil eft bon Serviteur du Roy. Il a quelques Affaires devers Vosdites Majeftez. Je vous fupplye très-humblement, Madame, de luy octroyer fa Requefte, affin quil continue tousjours à voftre Service.

Sur cela, je prieray le Createur, Madame, quil veuille maintenir voftre Grandeur en toute Profperité & très-longue Vie.

De Perigueux, ce viij. Jour de Juillet .1574.

* *
* *

LETTRE XLIII.

DU SEIGNEUR DE BOURDEILLE A LA REYNE-MERE,

envoyée par le Sr. de Sainct-Alvere , le 26 Juillet 1574.

MADAME,

Le Sr. de Sainct-Alvere sen va devers Vos Majestez pour quelques Affaires, qui sont d'Importance pour luy. Je fusse esté bien ayse quil neust bougé dicy, pour l'Affection & bon Zelle quil a au Service du Roy en ce Pays, comme il la bien monstré durant ces Guerres. Mesmes il na espargné sa Vie ny ses Biens, pour mettre une Ville & un Fort appellé Trimolac en l'Obeyssance de Sa Majesté, ayant tué & deffaict un nommé le Capitaine Cabeis qui y commandoit avec plusieurs de ses Soldats : & tout ce quil en a fait, a esté à ses Despens ; & a tousjours esté prest à se mettre en Campaigne ,

luy

luy & tous ſes Moyens, quand je lay mandé pour le Service du Roy, comme je lay mandé au Roy voſtre Fils. Par-quoy je vous ſupplye très-humblement, Madame, de commander quil ſoit depeſché de ce quil demande, queſt fort raiſonnable, afin quil ſen vienne en ce Pays pour vous y faire Service. Et me ſemble, que ceſt le meilleur de depeſcher promptement ceux qui ont des Affaires, & de les envoyer chaſcun en ſa Province, meſmes ceux-là qui ont le Moyen & bon Zelle de faire Service à Vos Majeſtez, comme a le-dit Sr. de Sainct-Alvere.

Cest tout ce que je vous puis mander pour ceſte Heure touchant les Affaires de ce Pays. Sur-quoy je prieray Dieu, Madame, quil maintiegne Voſtre Grandeur en toute Proſperité très-longue & heureuſe Vie.

De Perigueux, ce xxvj. Jour de Juillet 1574.

LETTRE XLIV.

DU SEIGNEUR DE BOURDEILLE A LA REYNE-MERE,

envoyée par la Buſſiere, le 8 d'Aouſt. 1574.

Madame,

Jay reçeu la Lettre quil à pleu à Voſtre Majeſté meſcripre du dixieſme de Juillet, & ſuis très-ayſe du Contentement quil vous plaiſt avoir de moy de ce que je fais pour voſtre Service très-humble, nayant jamais eu aultre Volunté ne Intention que dy employer, & ma Vie, & mon Bien; ce que jeſpere continuer toute ma Vie.

Jay cognu, Madame, que navez cru de moy ce que jay eſté adverty vous avoir eſté rapporté par ung nommé la Borye de ceſte Ville, lequel, ſoubs ſemblant de vous eſtre bon Advertiſſeur, vous a dit Choſe qui nentra jamais dans mon Cœur;

ce

ce que jay chargé ce Gentil-Homme preſent Porteur vous remonſtrer, lequel je vous ſupplye très-humblement ouyr & croire, enſemble d'aultres Affaire concernant le Service de Vos Majeſtez. Comme il porte par Memoires bien amples, vous avez, en Faveur du-dit la Borye, diviſé l'Eſtat de Juge criminel d'avec le civil, au grand Prejudice de celuy qui en eſt pourveu il y a trente Ans, & en a payé deux fois Finance, & s'y eſt tousjours comporté en Homme de Bien & Gentil-Homme, comme il eſt. Je ſupplye très-humblement Vos Majeſtez ouyr ſa Requeſte en voſtre Conſeil privé. Car, ſi ledit la Borye a faict Service qui merite Recompenſe, vous avez aſſez de Moyen, Madame, pour le recompenſer, ſans deſtituer un Homme de Bien de ſon Eſtat n'ayant forfaict.

MADAME, il vous a pleu mander au Sieur de Loſſe vous aller trouver, & laiſſer les Affaires de ce Pays entre les Mains des Bayllifs & Seneſchaux; ce qu'il a faict pour le regard de Perigord entre les miennes; ce que jay accepté, pour la Neceſſité & Affaires qui eſtoient en ce Pays, attendant qu'il pleuſt

pleuſt à Voſtre Majeſté y pourvoir. Et le meſme Jour quil partit de ceſte Ville, je ſortis pareillement, eſtant adverty de quelques Entreprinſes de vos Ennemis, & mis deux Chaſteaux quils tenoient en l'Obeyſſance du Roy ayant aſſemblé le plus de Nobleſſe, & aultres Gens voluntaires, à mes Deſpens, quil ma eſté poſſible; ce que jay desja fait quatre ou cinq fois, & de meſme tousjours par-deçà deſpuis ces Güerres, comme à toutes les precedentes avec le Roy, ſans en avoir eu Don ne Penſion; de façon quil ne meſt plus poſſible y ſatisfaire. Et vous ſupplye très-humblement me donner Congé pour aller trouver Vos Majeſtez, Madame.

IL vous a pleu ſemblablement me mander, que cy-devant mavez faict entendre voſtre Intention & Volunté touchant l'Abbaye de la Chaſtre; de quoy, Madame, je nay reçeu aulcunes Nouvelles, ne Lettres: vous ſupplyant très-humblement la laiſſer entre les Mains des Sieurs de Raſtignac, en attendant la Venuë du Roy voſtre Fils; daultant que par ſon Moyen le feu Roy la leur avoit donnée, auſſi que ſont Perſonnes fort affectionnées au

Ser-

Service de vos Majeftez , & tousjours prefts avec cinquante Chevaux à
marcher quand vos Affaires le requie-
rent.

JE vous ay cy-devant efcript combien
quelque Compaignie de Cavallerie eft
requife en ce Pays. Il vous plaira y
pourvoir ; car, je crains, que a faulte dempefcher les Courfes & Entreprinfes de vos Ennemys, il nen adviegne Inconvenient. Et fur ce je prieray le Createur, Madame, maintenir
voftre Grandeur en toute Profperité
très-heureufe, & longue Vie.

A Perigueux , le viij d'Aouft 1574.

LETTRE XLV.

DU SEIGNEUR DE BOURDEILLE
AU DUC D'ALENÇON,

efcripte le 8 *d'Aouft* 1574.

MONSEIGNEUR.

JAY reçeu la Lettre quil vous a pleu
mef-

mefcripre, vous remerciant très-humblement de la Promeſſe que me faites
de me demander mon Congé à la Reyne, afin que jaye ceſt Honneur deſtre auprès de vous, pour vous faire
très-humble Service, comme je deſire. Et envoye ce Gentil-Homme preſent Porteur, tant pour faire entendre à Sa Majeſté les Affaires de ce
Pays, que pour luy faire très-humble
Requeſte me permettre vous aller trouver; joinct que ne fais pas grand Service en ce Lieu, & ne meſt que aultant de Ruyne. Je vous ſupplye très-
humblement my eſtre aydant de voſtre Couſté : & je prieray Dieu, Monſeigneur, vous maintenir en Grandeur
& Proſperité très-heureuſe & longue
Vie.

A Perigeux, le viij de Aouſt 1574.

* *

XLVI. INTRODUCTION

ET MEMOIRES

baillez à la Buſſiere, pour faire entendre à la Reyne, le 8 d'Aouſt 1574.

QUe ayant pleu à Sa Majeſté mander le Sr. de Loſſe la venir trouver, & laiſſer la Charge quil a en Guyenne entre les Mains des Bayllifs & Seneſchaulx, il auroit laiſſé les Affaires de Perigord au Seigneur de Bourdeille, Seneſchal du-dit Pays, pour y commander en ſon Abſence.

LEQUEL Seigneur de Bourdeille, preferant le Service du Roy à ſon particulier, neſtant rien moins dans le-dit Pays que le-dit Sr. de Loſſe, na deſdaigné de recepvoir de luy le Pouvoir de commander en ſon Abſence; craignant l'Inconvenient que cependant pourroit advenir, & les Affaires qui ſe preſenteroient.

COMME de Faict, ceux de la Religion pretendue, ayant failly beaucoup d'Entreprinſes quils avoient ſur
aul-

aulcunes Villes, eſtoient en Deliberation de ſe faiſir de tous les Chaſteaux
& Places fortes quils pourroient, &
deliberoient prendre le Chaſteau de
la Chapelle Fochur, de Roche - Mon-
noy, de la Regnaudie, & le Chaſteau
de l'Eveſque.

DEQUOY adverty, le Seigneur de
Bourdeille aſſemble le plus quil peut de
la Nobleſſe de ce Pays icy & de Gens
de Pied, tous voluntaires ; fors une ſeu-
le Compaignie quil trouva près Perigueux, & ſe met en Campaigne vers
le Chaſteau de la Chapelle, quil trouva desja ſaiſi par les-dits de la Religion pretendue.

LESQUELS, nayant eu encore le
Loyſir de ſe munir de Vivres & aultres Choſes neceſſaires, il contraignit
en quatre Jours ſe rendre par Com-
poſition: &, en meſme temps, fait
Entrepriſes de prendre le Chaſteau
d'Aucor appartenant à Madame de Me-
zieres, par la Praticque & Menée d'une
Partie de ceux qui le detenoient ; leſquels, pendant que leurs Chefs seſtoient
allez pourmener, leur fermerent la
Porte, & ſe rendirent Maiſtres dedans. Dequoy promptement adverty le Seigneur de Bourdeille sy a-

 chemine

chemine en Hafte , & met la Place en l'Obeyffance du Roy.

Au Moyen de quoy, les-dits de la Religion prétendue ne tiennent plus rien , & nont Retraicte en tout ce Coufté de Perigord; lefquels auparavant, ayant ces deux Places pouvoient ordinairement venir jufques aux Portes de Perigueux , & aller à Angoulefme.

REMONSTRERA femblablement à Sa Majefté, que le-dit Sr. de Loffe luy laiffe fept Compaignies de Gens de Pied, pour tenir en Garnifon dans les Places & Chafteaux de ce Pays; mais, il ne luy laiffe aulcun Argent ny Moyen , pour les foldoyer : & ne fçait le-dit Seigneur de Bourdeille où en prendre; à quoy il eft requis de pourvoir.

IL na pareillement aulcune Cavallerie en tout ce Pays de Perigord, comme il feroit très - neceffaire y avoir quelque Compaignie pour empefcher les Courfes ordinaires des Ennemys: & fault quil faffe toutes ces Affemblées de Gentils-Hommes voluntaires tousjours à fes Defpends, comme il a desja fait quatre ou cinq fois; que luy vient à grande Charge , & à quoy il ne peut plus fournir pour la grande Defpenfe quil a faite defpuis le Commenmencement de ces Guerres, de quoy il na eu un feul Denier ne Moyen, finon de fon Bien : fupplyant très-humblement Sa Majefté y avoir Efgard.

Aussi vouloir donner Congé au-dit Seigneur de Bourdeille pour venir trouver Leurs Majeftez, & mettre tel aultre pour commander en ce Pays que bon luy femblera.

Quil plaife à Sa Majefté efcripre une Lettre au Sieur de Raftigniac de garder bien l'Abbaye de la Chaftre jufques à la Venuë du Roy, pour y pourvoir comme bon luy femblera.

Sera auffi dict à la Reyne, que le Sr. de Loffe affembla ceux de la Ville de Perigueux, leur remonftrant, quil eftoit neceffaire quils euffent une Garnifon en leur Ville, voyant quils eftoient menacez, & que les Ennemys avoient Intelligence en leur Ville; comme auffi le Sr. de Bourdeille lavoit entendu, & les en avoit advertis. Ils feirent Refponfe, quils garderoient leur Ville en l'Obeyffance du Roy foubs la Charge des-dits Srs. de Loffe & de Bourdeille leur Sénefchal, mais quils ny recepvroient aulcune Garnifon : finon quils ont permis au-dit Sr. de Bourdeille tenir douze Gentils-Hommes

mes

mes avec luy montez & armez, & leur donner cinquante Livres par Mois, qui est toute la Force que a le-dit Sr. de Bourdeille avec luy.

NEANMOINS, encore quil cognoisse la Fidelité des-dits Habitans, si est-ce que nestant que comme mal experimentez, il craint que sil venoit au bon du Faict, il en advint Inconvenient. Parquoy supplye Leurs Majestez y pourvoir & escrire leur Volunté ausdits Habitans.

LETTRE XLVII.

DE LA REYNE-MERE AU SEIGNEUR DE BOURDEILLE,

reçeue le 16 d'Aoust 1574.

M[R]. DE BOURDEILLE,

ESTANS les Srs. de Losse & de la Vauguyon allez au-devant du Roy Monsieur mon Fils, il est besoing que quelquun aye l'Oeil à la Seureté, Conservation, & Repos, du Pays de Perigord. C'est pourquoy sçaichant la

bon-

bonne Affection que vous portez aux Affaires & Service du Roy Monsieur mon Fils, & au Soulagement dyce-luy Pays, jay bien voulu vous faire ceste Lettre, pour vous prier de pren-dre-garde à tout par-delà, & y pour-voir si bien à toutes Choses, en at-tendant l'Arrivée du Roy mondit Sei-gneur & Fils, quil ne puisse advenir aulcung Changement ny Desordre au Prejudice de son Service : comman-dant aux Gens de Guerre qui y sont, ce que verrez estre necessaire pour cet Effect, aux Habitans des Villes, ce quils auront à faire pour leur Repos & Conservation, comme je masseure que sçaurez très-bien faire, & eux aussi vous recognoistre & obeyr en cela, comme celuy qui leur est bien agreable. Pryant Dieu, Monsieur de Bourdeille vous avoir en sa saincte & digne Garde.

Escript à Paris, ce v. Jour d'Aoust 1574.

Signé **CATHERINE.**

Et au dessoubs, **PINARD.**

LETTRE XLVIII.

DE LA REYNE-MERE AU SEIGNEUR DE BOURDEILLE,

reçeue le 22 d'Aouſt 1574.

M^r. DE BOURDEILLE,

JAY veu, par vos Lettres du xxij du Mois paſſé, le bon Teſmoignage que me rendez de l'Affection que le Sr. de Sainct-Aulaire port au Bien du Service du Roy Monſieur mon Fils, comme il a monſtré par Effect en toutes les Occaſions qui ſe ſont préſentées de de-là; ce que jay ſçeu encore dailleurs. Auſſi vous veux-je bien aſſeurer, que je lay bien en telle Eſtime que lon doibt avoir ung Gentil-Homme de Valeur & Merite : & ne tiendra jamais à moy, quil ne ſoit ſatiſfaict & rendu content. Et, bien que ſa Preſence fuſt fort requiſe par de-là, toutesfois ayant ſçeu quil deſiroit aller au-devant du Roy mon Seigneur & Fils, pour luy faire Service, je ne luy

ay

ay pu defnyer, mais ay eu bien a-
greable quil y allaft. Cependant, il
fault que tous ceux de voftre Quartier, qui font bien affectionnez au Service du Roy mondit Seigneur & Fils,
fe fubvient & employent en toutes les
Occafions qui sy préfenteront. Ce que
me promettant pour voftre Regard que
ce y fçaurez bien conduire, je ne vous
fais cefte Lettre plus longue, que
pour prier Dieu, Monfieur de Bourdeille, vous avoir en fa faincte Garde.

Efcript à Paris, ce ij Jour d'Aouft
1574.

Ainfi figné CATHERINE.

Et au deffoubs, PINARD.

✱✱✱✱✱✱✱✱✱✱✱✱✱✱✱✱✱✱✱✱✱✱✱✱

LETTRE XLIX.

DE LA REYNE-MERE AU SEI-GNEUR DE LOSSE,

reçeue le 19 d'Aouſt 1574.

M^R. DE LOSSE,

Par ces Lettres, que le Sr. Marquis de Trans ma eſcriptes du xxvj du Mois paſſé, & le Memoire quil en avoit envoyé à ſa Femme, lequel ma eſté rendu par le Sr. de Lanſac, jay amplément ſçeu la Perte quil a ſoufferte à cauſe de la Guerre qui ſe fait par de-là, dont je ſuis bien marrye. Ce ſont les Fruicts de la Guerre, avec laquelle je ſeray très-ayſe quil ſe puiſſe revancher ſur ceulx de la nouvelle Opinion qui luy ont fait ce Tort, & quil semploye auſſi par meſme Moyen en toutes les Occaſions qui ſe preſenteront pour le Service du Roy Monſieur mon Fils, ſelon la bonne Affection que je ſçay quil y a. Occaſion de quoy je vous prie laſſiſter

&

& ayder le mieulx que pourrez, des
Moyens quavez par-de-là, à reprendre ce
que lefdits de la nouvelle Opinion luy
ont pris & occupent. Et neftant la
prefente à aultre Fin je prie Dieu,
Monfieur de Loffe, vous avoir en fa
fainéte & digne Garde.

Efcript à Paris, ce v. Jour d'Aouft
1574.

Ainfi figné CATHERINE.

Et au deffoubs, PINARD.

LETTRE L.

DU SEIGNEUR DE BOURDEILLE
A LA REYNE-MERE,

envoyée par le Bréulh, le 29 d'Aouft
1574.

MADAME,

JAY reçeu la Lettre quil a pleu à
Voftre Majefté mefcripre, dattée du
v. du prefent Mois, par laquelle
me commandez de prendre garde aux

Affai-

Affaires de ce Pays de Perigord, &
dy commander pour le Zelle que jay
au Service du Roy & voftre & au Soulagement du Pays. Jacceptis la-dite
Charge incontinent que le Sr. de
Loffe me dit quil avoit reçeu une
Lettre de vous pour vous aller trouver avant, laquelle je vis, comme je
vous ay fait entendre par le Gentil-
Homme que je vous ay envoyé.

Puisque jay ce Malheur de navoir
l'Honneur de baifer les Mains du Roy
à fon Arrivée, je luy envoye ce Gentil-Homme prefent Porteur, pour luy
faire entendre les Affaires du-dit Pays,
& à vous auffi, Madame, qui font tels
que ne peuvent eftre pis. Car, il ny a
pas ung feul Homme de Guerre, ny
Moyen den avoir, pour obvier aux
Deffeins de vos Ennemis qui font grands.
Et fi ny mettez Ordre de bonne Heure, je crains quil vous adviendra
beaucoup de Maulx, parce que les-dits
Ennemis veulent affembler le plus de
Forces quils pourront pour faire ung
petit Camp vollant, afin dempefcher
les deffeins de Monfieur de Montpencier & ravager le Pays. Ce quils feront ayfement, veu que je nay aulcunes Forces : & fi jeuffe eu de la Ca-
valle-

vallerie, comme je vous ay souvent mandé, jeusse à ceste Heure le Lieutenant de Poiɛtou en vostre Obeyssance, lequel a passé en ce Pays, & na sçeu si bien faire, quil naye esté blessé, six ou sept des siens, mesme le Capitaine Puyraneau & son Designé.

Vous sçavez, Madame, quil y a huiɛt Mois, que je suis icy, où je nen espargne ma Vie ny mon Bien pour vostre Service, sans avoir aultre Moyen que du mien, ayant faiɛt des Assemblées pour cinq ou six fois de la Noblesse du Pays, non sans grands Fraix, pour empescher les Desseins des Ennemis, de façon que Dieu ma fait la Grace quils nont rien executé ny avancé sur le-dit Pays, ny ne feront, pourveu quil vous plaise de mayder de vos Moyens & Forces, ou il me coustera la Vie, & de beaucoup de Noblesse du Pays, qui me font ce Bien & Honneur de venir quand je leur mande pour le Service du Roy. Et si mon Labeur & Despense a porté quelque bon Fruiɛt pour le Service de Vos Majestez, il vous plaira, Madame, quung aultre nen ayt point l'Honneur & le Profit. Car, en cela,

on

on me feroit grand Tort, de telle Affection que jay fait.

MADAME, Monfieur le Marquis de
Trans ma demandé pour fon Fils la
Charge de cent Chevaulx legers, que
le Pays veut lever pour deux Mois:
ce que jay remis au Roy, & à vous.
Vous fçavez quil eft de grande Maifon,
& quil a Moyen de recouvrer Gens,
encore quil a perdu beaucoup en cefte Guerre.

Je vous ay efcript plufieurs fois, &
au feu Roy, le bon Devoir que les Srs.
de Raftigniac font pour le Service de
Vos Majeftez, & quils font tousjours
prefts avec trente ou quarante bons
Chevaulx quand je leur mande pour
voftre Service. Il avoit pleu au feu
Roy de leur donner l'Abbaye de la
Chaftre en la Faveur du Roy qui eft
à cefte Heure. Il luy plaira, & à vous
auffi, de leur efcripre, quils ne bougent de la-dite Abbaye, jufques à ce
que Sa Majefté en aye ordonné. La-
dite Abbaye ne vault que fept ou
huiçt cens Livres, mais elle eft près
de leur Maifon. Cela les obligera de
plus en plus à vous faire très-humble
Service.

AUSSI, Madame, Monfieur de la
Cefte,

Cefte, Doyen de Poictiers, mayant fait
entendre le Commandement que luy
avez fait de parler au Lieutenant de
Poictou, jay trouvé Occafion de ce
faire, envoyant querir par mon Trom-
pette ung Prifonnier à Bergerac : mais,
pour le peu de Temps que le-dit Lieutenant a fejourné au-dit Bergerac,
ils ne fe font pus rencontrer. Toutesfois, il a mandé au-dit Doyen, &
à moy auffi, comment il voyoit une
miferable Guerre en ce Pays pour ce
pouvre Laboureur & Marchand qui
trafique ; me pryant dy regarder de
ma part, difant quil avoit trouvé Langoyran, & ceux de Bergerac, en bonne Volunté de ce faire. Je leur ay
mandé quils mettent leur Intention
par efcript, & que je leur fairois
Refponfe ; mais, ce ne fera pas, fans
en advertir premierement Vos Majeftez. A ce que je puis voir, ils veulent Trefve, affin daffembler & efmou-
voir tout ce quils pourront de ce
Pays, affin daller joindre la Noue,
pour rompre les Deffeins de Monfieur
de Montpencier. Mais, jefpere de
les en engarder, pourveu quil vous
plaife de me bailler les Forces que je
vous mande. Le-dit Sr. de la Cefte

vous

vous en escript bien amplement, vous asseurant, quil vous est bien fidele & affectionné Serviteur, & a Moyen de le faire si vous lemployez.

Jay esté adverty, Madame, que sur l'Acte d'Octobre dernier passé des Decimes de ce Pays, reste onze mille deux cens quatre Livres dix-huit Sols cinq Deniers, qui sont prests à estre levez, daultant quils luy sont deus sur les Benefices qui sont aux Pays de Conqueste des Ennemis & de Vos Majestez : sil vous plaisoit men faire donner cela au Roy, ce sera rescompenfer Partie de la Despenfe que jay faite pendant ces Guerres. Je sçay bien quon vous dira que ces Deniers font destinez ailleurs. Mais, je vous asseure quils ne font payés de long temps, encore que nous eussions une Paix. Le mien il y a tousjours devant, en attendant ceftuy-là, comme il a accouftumé ; & fi me le faites donner, asseurez-vous, Madame, quil ne fera employé en Meubles ny Acquests.

Il vous plaira ordonner fur cela, & fur le Memoire que je vous ay envoyé, ce que doibs faire, affin dobeyr fidellement à vos Commandemens

mens. Sur cela, je prie le Createur, Madame, maintenir voftre Grandeur & Profperité en longue & heureufe Vie.

De Perigueux, ce xxjx Jour d'Aouft 1574.

***

LETTRE LI.

DU SEIGNEUR DE BOURDEILLE AU ROY HENRY III,

envoyée par le Breulh, le 29 d'Aouft 1574.

SIRE,

JAY entrême Regret, que je ne puiffe aller vous baifer les Mains, avec beaucoup de Gentils-Hommes qui fe resjouyffent de voftre Venuë tant defirée en ceftuy-cy pouvre Royaulme defolé, de façon quung chafcun efpere, par le Moyen de voftre Advenement, Sageffe, grande Vertu, & Experience, avec Fortune, qui vous accompagne.

IL

IL a pleu à la Reyne voftre Mere me commander de ne bouger dicy, pour avoir l'Oeil & Commandement aux Affaires du Pays concernant voftre Service. A quoy je ne voulus faillir, nayant rien en ce Monde plus cher que voftre Service, duquel jefpere macquitter comme jay fait fidellement jufques icy, ainfin que la Reyne voftre Mere vous tefmoignera bien amplement. Et defpuis le Commencement de ces Guerres dernieres, je ne bouge de ce Pays icy, queft ma totale Ruyne, nayant tant de Bien pour cefte Heure, de pouvoir jouyr de ce Fruiét que de vous voir, que de temps à aultre, il plaira à Vos Majeftez, Sire, me tenir à vos bonnes Graces, & me commander pour voftre Service; vous affeurant, que je ne me efpargneray Vie ny Biens pour memployer à l'Execution de vos Commandemens.

JENVOYE le Sr. du Breulh, prefent Porteur, exprès devers Voftre Majefté, pour vous faire entendre bien amplement les Affaires de ce Pays. Sur cela je prieray le Createur, Sire, vouloir maintenir voftre Grandeur en

tou-

toute Prosperité longue & heureuse Vie.

De Perigueux, ce xxjx d'Aoust 1574.

LETTRE LII.

DU SEIGNEUR DE BOURDEILLE AU DUC D'ALENÇON

envoyée par le Breulh, le 29 d'Aoust 1574.

MONSEIGNEUR,

Il a pleu à la Reyne vostre Mere me commander de ne bouger de ce Pays icy pour avoir l'Oeil à tout, y commander, dautant que tous les Seigneurs & Lieutenans du Roy sen font allez au-devant de Sa Majesté : dont je suis bien marry, pour le grand Desir que javois de luy aller baiser les Mains à sa Venuë, & à vous aussi, & pour voir la Joye & le Contentement que vous deux aurez de vous voir lung lautre, que nous donne à tous Esperance de nous porter

une

une bonne Paix & Union: en quoy je vous fupplye très-humblement, Monfeigneur, de voftre Part y mettre la Main, & avoir Pitié de ce pouvre Peuple, & que par voftre grande Vertu & Providence chafcun puiffe jouyr de ce bon Fruict de Paix, & me commander ce quil vous plaira que je faffe pour voftre Service, vous affeurant, Monfeigneur, que je ne y efpargneray jufques à la derniere Goute de mon Sang.

J'ENVOYE le Sr. de Breulh, pour faire entendre à Sa Majefté en quel Eftat font les Affaires de ce Pays, qui vous le dira plus amplement. Et fur ce je prieray le Createur, Monfeigneur, quil maintiegne Voftre Grandeur & Profperité en très-longue & heureufe Vie.

De Perigueux, ce xxjx. d'Aouft 1574.

LIII. INS-

LIII. INSTRUCTION

BAILLE'E AU SIEUR DU BREULH,

cejourd'huy vingt - neufviefme d'Aouft 1574, pour remonftrer au Roy.

PREMIEREMENT, remonftrera à Sa Majefté comment la Reyne fa Mere a efcript au Seigneur de Loffe de laller trouver à Lyon, & laiffer la Charge & Gouvernement quil a en Guyenne aux Baillifs & Senefchaulx chafcun en fa Province, à quoy il y a obey, & a laiffé la Charge du Pays de Perigord au Seigneur de Bourdeille, pour commander en fon Abfence : lequel Seigneur de Bourdeille, neftant rien moins dans le Pays que le-dit Seigneur de Loffe & tous aultres, nauroit desdaigné de prendre de luy ladite Charge, preferant pluftoft le Service du Roy & Soulagement du Pays, que fon particulier, affin dobvier aux Inconveniens qui pourroient advenir au-dit Pays, veu les grandes Affaires qui sy prefentent par le Moyen de plufieurs Villes & Fortereffes que les-
dits

dits Ennemis tiennent au-dit Pays, comme Bergerac, Exigeat, Monpafur, & quelques aultres petits Chafteaux & Clochers de Paroiffes.

SECONDEMENT, remonftrera à Sa Majefté en quel Eftat le-dit Seigneur de Loffe a laiffé le-dit Pays, ayant une Compaignie de quatre-vingts Hommes de Pied dans Sarlac, commandée par le Capitaine Solvigniac, & le Seigneur de Puymartin, Beau-Frere dudit Seigneur de Loffe, Chevallier de l'Ordre, pour commander en la-dite Ville, Homme de Bien & d'Honneur, lequel fut Caufe de la Prinfe dycelle, continuant à faire fon Debvoir, il plaira à Sa Majefté luy en faire un Remerciment par Lettre. Auffi il a laiffé la Cmpaignie du Capitaine la Blegme aux Forts qui font autour de Sarlac, & la Compaignie du Capitaine Landrony à Montignac; lefquelles defpuis ont plié leurs Enfeignes, à faute deftre payées. La Compaignie du Capitaine Verduin eftoit demeurée près du Seigneur de Bourdeille; mais, il en a faict de mefme defpuis deux ou trois Jours pour femblable Raifon. Voilà que le Seigneur de Bourdeille eft defnué de mefmes Forces, tant de Pied que de Cheval, à raifon de quoy

quoy il eſt en grande Peyne, parce
qu'il a en Advertiſſement comment le
Lieutenant de Poiċtou & Langoyran
ſont aſſemblez, ſont bien tous em-
ſemble mille douze cens Chevaulx,
dont y en a quelques ſix vingts de
bons, & le reſte Harquebuſiers à Cheval, & font courir le Bruiċt quils
vont en Auvergne pour combattre le Sr.
de St. Aram, & saſſembler & joindre au
Viſcomte de Gourdon par les Chemins,
qui en peut avoir autant; &, après ce-
dit Voyage, sen veulent venir repaſ-
fer en ce Pays, pour sen aller joindre avec Monſieur de la Noue en Xainctonge, pour de-là sen aller combattre Monſieur de Montpencier, ou bien
rompre ſes Deſſeins.

VOYANT cela, le Seigneur de Bourdeille appelle Meſſieurs de la Ville,
leur offrant mettre cent Gentils-Hommes en ceſte Ville, pour obvier aux
Maulx qui pourroient advenir ſur le
plat Pays, & quils ne prendront rien
de la Ville, mais quil fauldroit faire un
Magueſin de Vivres, tant de Chevaulx que de la Bouche des Gentils-
Hommes, qui ſeroient prins ſur le-dit
Pays : leſquels ont reſpondu au-dit
Seigneur de Bourdeille, que reſolue-
ment

ment ils ne vouloient point Garnison. Sur-quoy le-dit Seigneur de Bourdeille, que sil venoit quelque Fortune ou Accident sur le plat Pays, que on ne sen prinst point à luy ; & quil craignoit bien quil y advinst quelque Malheur en bref : car, il na Moyen aulcung de recouvrer Deniers pour amasser des Gens, parce que le Sr. de Losse avoit fait tenir dix-huict mille Francs au Commencement de ces Guerres, pour soldoyer les-dits Gens de Pied, & pour ce faire a prins dix mille six cens soixante-huict Livres dix Sols, & le Reste est à payer, que le Recepveur des-dits Deniers dit quil ne peut estre payé, pour l'amour des Ennemis, qui tiennent plusieurs Places & Bourgades. Toutesfois, à ce que je puis cognoistre, il en a encore entre les Mains, veu quil ne veut point bailler les Noms des Paroisses qui ne veulent pas payer. Sur cela il plaise au Roy donner Commission, comme estant Senefchal du Pays, de contraindre les-dits Recepveurs, tant ordinaires quextraordinaires, de six en six Mois luy donner ung Estat de ce quils auront levé, & pareillement de ce quils auroient à leur, affin quil
tien-

tienne la Main pour les faire payer
fouldement.   Et pour cela les - dits
Recepveurs ne laifferont pas de rendre Compte diffinitivement au bout de
l'An en la Chambre des Comptes :
& , par ce Moyen , le Roy fera mieulx
payé ,   & le Peuple plus foulagé,
& ne fairont point tant de Reliqua
comme ils font ; & le-dit Senefchal fera tenu envoyer fon Procès verbal
au Confeil privé , & affin dy mettre
Ordre sil y a de Reliqua.

PLUS recognoiftra à Sa Majefté , que
le douziefme de Juillet dernier , il fut
arrefté par les Diffinitions des trois
Eftats , en la Prefence des - dits Seigneurs de Loffe & de Bourdeille foubs
le bon Plaifir de la Reyne , de lever la
Somme de feize mille Livres , pour
eftre employées à l'Entretenement de
cent Chevaulx-legers , pour obvier
aux Courfes que les Ennemis font
tous les Jours en ce Pays , & quatre cens foixante - quinze Harquebufiers , pour la Confervation & Garde
des Villes & Chafteaux de Conféquence, qui font en l'Obeyffance du Roy : le-
dit Eftat faiⱦ pour deux Mois feulement, duquel le-dit Seigneur de Bourdeille a envoyé une Copie à Sa-dite
Ma-

Majefté, & a donné la Commiffion du
Seigneur de Loffe aux Efleus pour
defpartir les-dits Deniers, affin de
les faire lever, lefquels luy ont refpondu ne pouvoir vacquer à la Cothifation de ces Deniers, obftant les
Ordonnances Royaulx & Arreft de la
Court de Parlement de Bourdeaux
baillez puis peu de Jours, parce quil leur
eft prohibé & deffendu, & à toutes Perfonnes, faire aulcune Impofition de
Deniers par Vertu de Commiffion
des Lieutenans du Roy, Gouverneurs
de Villes & aultres Lieux, fans les
Patentes du Roy de luy fignées : mais,
toutesfois, cela na pas tousjours efté obfervé, tant aux aultres Guerres,
quà prefent ; mefmes que fur les-dits
dix-huiƈt mille Livres, qui ont efté levées
dernierement, ont levé dix-fept cens
Livres davantage, & aultrefois pour
l'Eftape de trois Enfeignes de Gens
de Pied : & difent, que la-dite Somme de dix-fept cens Livres, les fraix,
lefquels le-dit Seigneur de Bourdeille
a fait calculer, que ne fe monte
quà fept ou huiƈt cens Livres. Plaife
à Sa Majefté, pour obvier à tous ces
Abus deffendre aufdits Efleus, & aultres officiers, de ne faire aulcun Def-
parte-

partement de Deniers, tant ordinaires que extraordinaires, fans y appeller les Senefchal, Baillifs, ou leurs Lieutenans, & pour ce faire fault avoir les Patentes adreffantes aufdits Efleus; enfemble aux Recepveurs defdits Deniers, pour les contraindre de faire ce que eft dict cy-deffus. Encore que ce foit l'Eftat dung Senefchal de le faire, il fera tousjours mieulx Authorifé, & en faifant ce que deffus, Sa Majefté fera beaucoup mieulx payée & le Peuple plus foulagé.

FAULT remonftrer auffi à Sa Majefté, sil veult que les-dites feize mille Livres fe levent pour avoir les cent Chevaulx-legers & Gens de Pied pour mettre Garnifon, denvoyer Commiffion adreffante au Seigneur ou fon Lieutenant, commandant aux Efleus de defpartir les-dits Deniers, & les lever à moindres Fraix quils pourront, pour foldoyer les-dits cent Chevaulx & Gens de Pied: mais, quon ne faffe point Eftat davoir les-dits Chevaulx legers fi-toft, parce quil ny a pefonne qui fe prefente pour les avoir, fi - non le Fils de Mr. le Marquis de Trans, & le Seigneur de Raftigniac, lequel demande quelque Somme d'Argent pour

le faire : & femble que pour cela on
ne doit point laiffer denvoyer icy de
la Cavallerie ; aultrement , il pourra
advenir en ce Pays quelque Malheur :
& jufques à prefent Dieu a tant favo-
rifé le Seigneur de Bourdeille , que
l'Ennemy na rien advancé ny executé
fur le-dit Pays.

VOILA' toutes les Affaires qui fe prefentent en ce Pays pour l'Heure prefente.
Quil plaife à Sa Majefté de y regarder , & envoyer Forces & Moyens au-
dit Seigneur de Bourdeille , ou bien
fon Congé. Car , il a demeuré huict
Mois icy , ayant affemblé cinq ou fix
fois la Nobleffe du Pays pour obvier
aux Deffeins des Ennemis , qui na pas
efté fans grands Fraix & Mifes , & a
tousjours trouvé la Nobleffe du Pays
fort fidele & prompte au Service du
Roy & Sa Majefté , à laquelle il plaife
donner pour la Garde du-dit Pays de
Perigord cinquante Hommes d'Armes
de fes Ordonnances , & deux Enfeignes de Gens de Pied , au lieu dycelles
cent Harquebufiers à Cheval , oultre ce
qui eft dans le Pays , lefquels Hommes
d'Armes & Harquebufiers feront dediez
à faire les Courfes neceffaires pour
rompre les Deffeins des Ennemis , leur

ofter

oſter les Vivres, & empeſcher quils
ne ſe joignent avec ceux de Xainéton-
ge, ſuivant comme ils font: & à ces
Fins, ordonner quelque Somme de
Deniers ſur les cinquante mille au
Seigneur de Loſſe, pour ſubvenir aux
Affaires de la Guerre, & ſon Gouvernement de Guyenne, duquel eſt le
Pays de Perigord; & depeſcher ce
Gentil-Homme preſent Porteur bientoſt avec les Commiſſions neceſſaires
à ce que deſſus. Et pareillement remonſtrer à Sa Majeſté comment les
Garniſons qui font aux Places fortes,
demandent Deniers; & à faulte de y
eſtre pourveu craint le-dit Seigneur
de Bourdeille, quil advienne Inconvenient.

LETTRE LIV.

DU SEIGNEUR DE BOURDEILLE A LA REYNE-MERE,

envoyée le 4 de Septembre 1574.

MADAME,

IL a pleu au feu Roy, il y a quelque Temps, de me donner l'Abbaye de Sologniac, à la Faveur du Roy qui est à present & de vous. Toutesfois nay point eu les Bulles si-tost, parce quon me demandoit deux mille Escus, qui est bien le Revenu de deux Années. Jay mieulx aymé mettre & employer ces deux mille Escus pour le Service du Roy, que avoir les-dites Bulles, pour l'Esperance que jay tousjours eu, que le feu Roy & vous me continueriez ce Don; & aussi masseure, que, à vostre Faveur, cestuy-Roy, vostre bon Fils, men fera de mesme: par-quoy, je vous supplyeray très-humblement, Madame, de me la vouloir faire continuer. Ce me sera

Moyen

Moyen de luy faire, & à vous très-humble Service.

Despuis que le Gentil-Homme, que j'y envoyé devers Vos Majeſtez, eſt party, il neſt venu rien de nouveau, ſi-non que ceux de Pons ont grand-Peur que Monſieur de Montpencier les aille voir ; à quoy il me ſemble, Madame, qu'il ne ſçauroit faire mieulx, & que pour certain il l'emportera : &, ſi ainſin eſtoit, ceux de Gaſcogne & eux ne ſe joindroient pas ſi ayſement, ny ſi ſouvent, comme ils font ; &, aprés cela, mon-dit Sieur de Montpencier pourroit venir à Bergerac, qui ſera aſſez ayſé à prendre, de tant quil neſt fortifié en beaucoup d'Endroicts. Et, par ce Moyen, vous mettrez ung grand Pays en voſtre Obeyſſance.

On vous pourroit dire ſur cela, Madame, que Luſignan & Fontenay ſeront de plus grande Conſequence. Mais, ſi on y regarde de bien près, il ſera trouvé que non, à cauſe des Paſſages des Rivieres, & des Aſſemblées quils font tous les Jours en ce Pays à la Faveur : & daultre Couſté, Pons & Bergerac ne ſeront pas ſi forts que Luſignan & Fontenay ; & mon-dit Sr. de Montpencier pourra en-

G 3

voyer

voyer de la Cavallerie pour garder le Pays de Poictou; car, il trouvera par-deça ceux de Messieurs de Ventadour, des Cars, la Vauguyon, & la Noblesse de ce Pays.

IL vous plaira doncques, Madame, y adviser; & sur ce je prieray le Createur, Madame, quil maintiegne vostre Prosperité & Grandeur en très-longue & heureuse Vie.

De Perigueux, ce iv. de Septembre 1574.

LETTRE LV.

DE LA REYNE-MERE AU SEIGNEUR DE BOURDEILLE,

escripte le 8 & receue le 31 d'Aoust 1574.

M^R. DE BOURDEILLE,

ENCORES que je vous aye naguieres escript de prendre garde & avoir l'Oeil à la Conservation du Pays de Perigord, à ceste Heure quil en est aussi grand

grand Besoing quil fut oncques ; toutesfois , partant presentement pour
men aller à Lyon au-devant du Roy
Monsieur mon Fils , jay bien voulu
vous faire ceste Depesche, pour vous
prier de veiller soigneusement à maintenir ledit Pays soubs son Obeyssance,
& empescher tant quil vous sera possible, que ceux de la nouvelle Opinion, &
aultres mal affectionnez à la Tranquillité publique, ny puissent faire de Surprin-
se ; commandant à ceux de la Noblef-
se du dit Pays & aux Habitans des
Villes , ce quils auroyent à faire pour
le Bien des Affaires , & Service du
Roy mon-dit Seigneur & Fils , & leur
Repos & Conservation.

ET, affin que ayez meilleur Moyen
de satisfaire ce que dessus, jay advisé
de vous remettre & bailler vostre
Compaignie de Gens-d'Armes , que
vous referez & assemblerez le pluftoft
que vous pourrez. Je vous ay aussi
ordonné trois Compaignies de Gens
de Pied, que vous ferez lever & mettre sus incontinent ; lesquelles feront
entretenues aux Despends du Pays,
suivant les Commissions que je vous
envoye, tant pour vostre Compaignie
de Gens-d'Armes & celles de Gens de

G 4

Pied,

Pied, que pour faire defpartir & efgaller la Levée du Payement & Entretenement dyceux Gens de Guerre
à Pied : en quoy vous tiendrez la
Main, quil foit ufé de bon Mefnage,
& de la moindre Foule fur le Peuple
quil fera poffible.

L'AFFECTION, que je fçay que vous
avez au Bien du Service du Roy mon-
dit Seigneur & Fils, & au Repos du-
dit Pays, me garderont de vous faire
plus particuliere Recommandation du
Debvoir que je defire que vous ren-
diez en cefte Charge, de laquelle me
repofant fur voftre Vigillance & Prudence, je prieray Dieu, Monfieur de
Bourdeille, vous avoir en fa fainéte
Garde.

Efcripte à Paris, le viij Jour d'Aouft
1574.

Ainfin figné CATHERINE.

Et au deffoubs, PINARD.

LETTRE LVI.

DE LA REYNE-MERE AU SEIGNEUR DE BOURDEILLE,

escripte le 21 & reçeue le dernier d'Aoust, 1574.

M^R. DE BOURDEILLE,

DESPUIS quatre ou six Jours, le Porteur ma rendu vos Lettres du viij de ce Mois, oultre lesquelles il ma fait entendre, suivant l'Instruction que luy avez baillée, l'Estat des Affaires de par de-là, où jay veu le bon Service, que, despuis le Partement du Sr. de Losse, vous avez, par vostre seul Moyen & de vos Amys, non seulement fait au Roy Monsieur mon Fils, mais aussi à tout le Pays de Perigord, ayant remis en l'Obeyssance du Roy Monsieur mon Fils les Lieux & Chasteaux de la Chapelle & de Danay, dont je vous sçay infiniment bon Gré, nestant pas de ceste heure à

G 5

cognoiftre voftre bonne & grande Affection au Service de mon-dit Fils ; & auffi pouvez-vous croire que oultre ce il vous cognoift pour vous avoir veu auprès de luy les Guerres paffées. Je luy feray entendre la bonne Volunté de laquelle vous y avez tousjours continué defpuis fon Partement.

JE ne feray longue Refponfe à vos Lettres, dautant que par mes dernieres Depefches vous vous trouverez fatis-fait aux principaux Chefs de ce que vous defirez, qui font des Forces, & de l'Argent; vous ayant envoyé Commiffions pour mettre fus voftre Compaignie de Gens-d'Armes, faire lever trois Compaignies de Gens de Pied, que vous choifirez & retiendrez des fept que mefcripvez que le Sr. de Loffe a laiffées par de-là, & licentierez les quatre aultres, fi cognoiffez que ce foit affez des-dites trois pour la Confervation du-dit Pays de Perigord, dedans lequel je vous donne derefchef Charge de commander pour le Service du Roy mon-dit Seigneur & Fils. Il vous fera envoyé Pouvoir de luy tel quil vous eft pour ceft Effect neceffaire, & qui fera fi ample, que je maffeure

que

que en ferez bien content.

CEPENDANT, voftre Prefence eftant très-requife par de-là pour y donner Ordre à toutes Chofes, vous ne pouvez pas venir trouver le Roy mon-dit Seigneur & Fils, comme vous defirez. Mais, il fault que vous y demeuriez, & vous affeurer quil aura autant agreable le Service que luy ferez par de-là, que celluy quil pourroit recepvoir de vous près de fa Perfonne.

QUANT à ce qui touche l'Eftat du Juge criminel de Perigord, dont a efté pourveu la Borie, cela a efté fait au Confeil privé du Roy Monfieur mon Fils. Toutesfois je y feray Reyteration à la Requefte de celluy dont mefcripvez qui a efté pourveu de la Jurifdiction civile, lequel pretend eftre intéreffé en cela, & luy en faire telle Raifon quil aura Occafion deftre content; vous voulant bien affeurer, que le-dit la Borie ne ma jamais parlé de vous que à voftre Honneur & Reprefentation.

ET pour le Regard de l'Abbaye de la Chaftre, je mesbahis que nayez reçeu les Lettres que je vous ay cy-devant efcriptes. Mais, je fuis bien con-

G 6

ten-

tente quelle demeure és Mains du Sr.
de Raftigniac en attendant l'Arrivée
du Roy mon-dit Seigneur & Fils. Et,
à cefte Fin , je luy efcrips quil la
garde.

Et pour ce qui concerne la Ville de
Perigueux, en laquelle les Habitans
ne veulent recepvoir Garnifon , fi le
Danger y eftoit apparent, je ferois bien
d'Advis quil en fuft mis. Mais, vous
mefcripvez que le Pays eft à prefent
en bon Repos, dont je loue Dieu. Je
ne croy pas doncques , quil foit befoing de y mettre Garnifon pour cefte
Heure, ne de faire porter cefte Charge aux Habitans , lefquels je defire foulager en ce quil fera poffible. Toutesfois, je leur efcrips une bonne Lettre, affin que une aultrefois ils faffent
& obeyffent à ce que leur commande-
rez & verrez quil fera neceffaire pour
le Bien du Service du Roy mon-dit
Seigneur & Fils & Confervation de la-
dite Ville. Et, me remettant à ce que
ce-dit Porteur vous fera plus particulierement entendre de mon Intention
fur tout ce quil ma dit de voftre Part,
je ne meftendray davantage en cefte
Lettre, pour Prier Dieu , Monfieur de

Bour-

Bourdeille quil vous ait en ſa ſainᶜᵗe
Garde.

Eſcript à Paris le xxj d'Aouſt 1574.

Ainſin ſigné CATHERINE.

Et au deſſoubs, PINARD.

Et en Marge de la-dite Lettre,

Mᴿ. DE BOURDEILLE,

Sɪ deſdites ſept Compaignies vous
penſez quil ny en aye trois deſquelles
vous puiſſiez vous fier, pour neſtre diſci-
plinées & obeyſſantes, comme il eſt neceſſaire pour le Bien du Service du
Roy Monſieur mon Fils, caſſez-les
toutes ſept, & en faites lever trois,
que vous baillerez à trois Capitaines,
que vous choiſirez, & dont vous avez
Fiances. Les trois Commiſſions, que
vous envoye, vous ſerviront à ceſt
Effeᶜᵗ.

LETTRE LVII.

DU SEIGNEUR DE BOURDEILLE AU ROY HENRY III,

escripte le xvj de Septembre 1574.

Sire,

Il y a quinze Jours, que le Sr. d'Oleron vint aux Fauxbourgs de cette Ville, pour parler au Sr. de Guerſac, le prier de parler au Sr. Delmieulx, ſon Frere, affin de laccorder avec luy: & ſur cela il advint quelque Diſpute entre Meſſieurs de la preſente Ville & le-dit Sr. d'Oleron, comme ce preſent Porteur vous dira bien amplement; ſi-bien quil y en eut de tuez dung Couſté & daultre, & auſſi des Priſonniers, entre aultres ung Gentil Homme nommé Peſchaud, lequel eſt és Priſons de cette Ville. Toutesfois, on ne la point trouvé coupable en rien du Monde, ſi non davoir porté les Armes contre Voſtre Majeſté
eſ-

estant à Sarlac; mais, quelque temps devant que ce Faict advint, la Dame de Fayes avoit si bien gagné le-dit Peschaud quil luy avoit promis de ne jamais porter les Armes, & me la promis aussi à ce Coup, & que, au contraire il les portera pour vostre Service. Il y a plusieurs Seigneurs & Gentils-Hommes, à qui il appartient, qui mont requis de le laisser aller ; ce que je ne voulus faire sans premier sçavoir vostre Volunté. A ceste Cause, je vous supplye très-humblement, Sire, de le mettre en Liberté, à la Charge, quil portera dores en avant les Armes pour vostre Service : &, en ce faisant, vous ferez cognoistre à tous ceux de ceste Faction & aultres, que vostre Misericorde, & Bonté est plus grande que leur Malignité & Desobeyssance, comme tous les jours je dis & fais dire, que ne demandez aultre chose, si-non que chascun se retirire en sa Maison & vive en Paix. Ce-dit Porteur vous dira plus amplement de ce Faict. Sur cela je prieray le Createur, Sire, quil maintiegne vostre Grandeur & Prosperité en très-longue & heureuse Vie.

De Perigueux, ce xvj. de Septembre 1574.

LET-

LETTRE LVIII.

DU SEIGNEUR DE BOURDEILLE AU ROY HENRY III,

envoyée par Mr. le Chantre le 18 Septembre 1574.

SIRE,

DESPUIS que jay envoyé le Sr. du Breulh devers vous, pour vous faire entendre en quel Estat sont les Affaires de ce Pays, la Reyne vostre Mere ma escript du viij. d'Aoust dernier passé, & ma envoyé trois Commissions pour lever des Gens de Pied, & ma tant honoré de me remettre ma Compaignie & Commission pour faire lever le Payement dycelle & desdits Gens de Pied sur ce Pays. Par-quoy, jay assemblé vos Officiers de ceste Ville, & les Esleus, avec le Sindic du Pays pour faire les Cothisations & Despartemens, lesquels se montent vingt cinq mille quelques Livres pour Quartier, quest Chose insupportable au-dit Pays de payer la suf-

dite Somme, à cause des Villes &
aultres Places que les Ennemis occupent, & les Foules quils ont eu par
les Paſſages des Gens de Guerre, tant
les Ennemis que des noſtres, &
auſſi pour le Levement de dix-
huit mille, que le Seigneur de Loſſe
a fait pour payer les Gens de Guerre qui ont eſté levez en ce Pays;
laquelle dite Somme na pu eſtre levée dun Tiers pour la Pouvreté du
Peuple.

Jay adviſé deſſus cela de lever pour
les trois Enſeignes ſeulement, & ay
fait un Eſtat du-dit ayement, ſelon
celluy-là que le-dit Sr. de Loſſe a
fait pour payer les aultres, lequel je
vous envoye. Et quant à remettre ma
Compaignie, je vous ſupplyeray très-
humblement Sire, ſi vous navez Envie de lentretenir en Temps de Paix,
me commander de ne la prendre point:
&, pour cela, je ne laiſſeray pas de
mettre ma Vie & mes Biens, pour
vous faire très-humble Service; car,
cela ſeroit ma Ruyne & de mes pouvres
Enfans, & naurois Moyen de leur
donner telle Nourriture que je deſire,
pour vous faire quelque jour très-
humble Service, & principalement
ung Fils que jay qui a ceſt Honneur
deſtre

destre vostre Filleul. Et si je sçavois que luy comme les autres ne suivissent tousjours le grand Fleuron, & mettre leurs Vies pour vostre Service, si ferois servir leurs Corps de Pasture aux Poissons.

LE feu Roy auroit donné au Seigneur de Losse, pour subvenir aux Guerres de son Gouvernement, dont Perigord en est, cinquante mille Francs à prendre sur les Deniers de la Subvention des Reystres & Estrangers. Je vous supplye très-humblement dayder ce pouvre Pays dune Partie de ladite Somme, pour subvenir au Payement desdits Gens de Guerre, lequel en a grand Besoing, non pas seulement cestuy-cy, mais aussi le Pays d'Agenois & de Quercy, qui sont bien gastez : & me semble, que vous fairiez beaucoup pour vostre Service denvoyer icy l'Admiral, lequel est vostre Lieutenant-General en ces Pays, pour y commander à tous vos petits Subjects Soubs-Lieutenans. Car, je vous asseure, que chascun ne demande que à garder le sien. Ou bien, Sire, si Monsieur de Fontenay avoit prins Fontenay, sen venoit droit à Pons avec l'Esquipage de l'Artillerie quil a, je pense quil lemporteroit,

laiflaiſſant le Sieur du Lude en Poiƈtou, avec quelques Forces pour reſpondre à Luſignan. Car , il en trouveroit autant en ce Pays de Perigord & Limoſin. Et en ce faiſant vous les trouverez bien : car, ceux de Gaſcogne, & les Xainctongeois, nauront plus Lieu pour saſſembler ; & cela faiƈt , Monſieur de Montpencier pourroit venir à Bergerac, queſt Ville de grande Importance pour voſtre Service. Ou bien, Sire, nous envoyer quelque Prince ou grand Seigneur, pour y commander. Il trouvera force Nobleſſe pour luy obeyr, tous affeƈtionnez à voſtre Service comme je puis entendre ; car, jay trouvé tousjours ceux de ce Pays fort affeƈtionnez & preſts à monter à Cheval quand je leur ay mandé pour voſtre Service. Et ſi vous laiſſez Bergerac ſe fortifier ceſt Hyver, il ſera bien mal ayſé à prendre , parce quil eſt à un Lieu fort propre pour ſe fortifier.

Auſſi, Sire , Monſieur de Montpencier a envoyé une Commiſſion aux Eſleus pour lever cinquante Mulets, ou Argent, pour porter les Vivres de voſtre Armée. Vous aſſeurant, Sire, quil neſt pas poſſible au pouvre Pays

de

de le payer, voyant tant de Soubſi-
des quils ont lung ſur lautre, comme
jay mandé à mon-dit Sieur de Montpencier, pour le vous remonſtrer. Il
vous plaira, Sire, avoir Pitié deux.

JE vous ay eſcript il y a huict Jours
pour ung Gentil-Homme nommé Peſchaud, qui eſt de la Religion, que
ceux de ceſte Ville ont prins, vous ſupplyant très-humblement de me permettre de le laiſſer aller, pour l'Aſſeurance
que jay de luy, quil ne portera jamais les Armes contre voſtre Majeſté; mais, que au contraire, il vous
fera quelque bon Service qui vous ſera agreable : vous ſupplyant très-humblement dereſchef me le vouloir donner, & eſcripre à Meſſieurs de la Juſ-
tice quils le delivrent.

IL vous plaira deſſus tout ce que
deſſus me commander ce que jay à
faire pour voſtre Service, affin que je
le execute fidellement. Sur ce je prieray le Createur, Sire, quil veuille
maintenir voſtre Grandeur & Proſperité en très-longue & heureuſe Vie.

De Perigueux, ce xviij. de Septembre 1574.

LETTRE LIX.

DU SEIGNEUR DE BOURDEILLE A LA REYNE-MERE,

escripte le 18 Septembre 1574.

MADAME,

PAR la derniere Depefche, que je vous fis par le Seigneur du Breulh, je vous fis entendre comme le Sr. de la Cefte, Doyen de Poictiers, mavoit dit quil avoit Commandement de vous de parler au Lieutenant de Poictou, & que javois trouvé Moyen de luy efcripre, lequel me fit Refponfe, que à fon Retour d'Auvergne il trouveroit Moyen de parler enfemble; &, incontinent de Retour à Bergerac, il nous a efcript de luy donner Jour & Lieu pour parler au-dit Seigneur de la Cefte; ce que a efté faict & ont tenu beaucoup de Propos, & feftant defpartis le-dit Lieutenant ma envoyé par deux fois le Capitaine la Salle, pour me faire entendre beaucoup

coup de Chofes, & entre aultres, quil defiroit de vous demeurer très-humble Serviteur, & quil vous plaife permettre le dit Capitaine la Salle aller devers Vos Majeftez, pour le Bien de voftre Service. Et pour ce que le Sr. de la Cefte eftoit tousjours prefent, & que le cognois fort affectionné Serviteur du Roy & de Vous, & Homme de bon Entendement, & a Moyen de faire cefte Trafique avec le-dit Lieutenant, il a entreprins ce Voyage encore eftant fort maladif; mais, pour le Zelle quil a au Service du Roy, & au Repos de ce pouvre Royaulme, il entreprend le-dit Voyage : & fi avez Envie que le-dit la Salle aille devers vous, il vous plaira, Madame, luy envoyer en Diligence ung Paffeport pour vous aller trouver. Car, le dit Lieutenant ma mandé defpuis, que le-dit la Salle ne fauldra point deftre à bout delle à la Sainct-Michel, pour entendre vos Commandemens. A ce que je puis voir, il a Envie de vous faire entendre beaucoup de Chofes, & de fe retirer.

Vous fçaurez plus amplement les Affaires qui fe paffent en ce Pays par
la

la Lettre que jescrips au Roy, & aussi par le-dit Sr. de la Ceste. Parquoy je vous supplyeray très-humblement, Madame, luy commander, & à moy, ce que nous avons à faire pour le Faict du-dit Lieutenant; car, nous lexecuterons fidellement. Sur cela, je prieray le Createur, Madame, quil maintiegne voftre Grandeur & Profperité en très-longue & heureufe Vie.

De Perigueux, ce xviij de Septembre 1574.

LETTRE LX.

DU SEIGNEUR DE BOURDEILLE AU ROY,

efcripte le 27 Septembre 1574.

SIRE,

IL pleut au feu Roy voftre Frere defcripre au Sr. de Longa, affin quil vefquit plus paifiblement en fa Maifon felon les Edicts de Sa Majefté,
com-

comme il a fait juſques à ceſte Heure, & ma aſſeuré quil continuera de
mieulx : & auſſi il vous promit dernierement à poinct, le Jour de la St.
Bartholomé, de ne porter jamais les
Armes contre Voſtre Majeſté ; vous
aſſeurant, que ceſt ung fort Homme
de Bien & d'Honneur, & bien vivant.
Toutesfois, il luy a eſté faict quelque Tort par un ſien Voiſin, comme
il vous eſcript bien amplement, queſt
la Cauſe, que je ne vous feray plus
long Diſcours. Il neſt rien ſurve-
nu de nouveau en ce Pays deſpuis
la derniere Depeſche que je vous fis
par le Sr. de la Ceſte, Doyen de Poictiers : & ne fauldray, sil advient quelque-
choſe, den advertir. Sur cela je feray
Fin : priant le Createur, Sire, quil veuille maintenir voſtre Grandeur en bonne Proſperité, & très-heureuſe & longue Vie.

De Perigueux, ce xxvij. Septembre 1574.

****

LETTRE LXI.

DE LA REYNE-MERE DU ROY AU SEIGNEUR DE BOURDEILLE,

dattée du 22 d'Aouſt 1574.

M^R. DE BOURDEILLE,

AYANT eſté advertie de la Part du Seigneur de la Valette, que ceux de la nouvelle Opinion ſe ſont emparez de Caumont, & ſen veulent ſervir contre le Service du Roy Monſieur mon Fils, je luy eſcrips quil faſſe tant que de le remettre ſoubs noſtre Obeyſſance, & quil ſayde en cela de la Dame du-dit Lieu de Caumont, à laquelle jeſcrips pour cet Effect, & par meſme Moyen y ay bien voulu auſſi vous faire cette Lettre, pour vous prier de diſpoſer & faire tant envers la-dite Dame, quelle faſſe ſortir ceux quy ſont entrez & detiennent à preſent la-dite Place contre l'Authorité & Servi-

ce

ce du Roy mon-dit Seigneur & Fils, & quils la laiſſent ſoubs la Garde delle & de ceux quelle y voudra avoir de ſes Gens à noſtre Devotion & la ſienne. Auſſi que pour gratifier, & favorablement tracter, le feu Seigneur de Caumont ſon Mary & elle, ſur l'Aſſeurance quils nous donnerent de la conſerver ſoubs noſtre Obeyſſance, nous leur permiſmes de ce faire, ſans les vouloir charger daultre Garniſon, comme nous leuſſions fait ſans cela. Ce que vous luy fairez bien avant entendre quelle ne ſçauroit mieulx faire paroiſtre, que ceſte Surprinſe neſt point advenue par ſa Faulte, quen moyennant la Sortie des deſſusdits quil y a, & detiennent à preſent.

ET maſſeurant, que vous vous employerez en ceſt Endroict, & de la meilleure Affection & Diligence que vous pourrez, ſelon l'Importance de ceſt Affaire, je ne vous en feray aulcune Recommandation, mais pour la Fin de ceſte Lettre prieray Dieu, Monſieur de Bourdeille, vous avoir en ſa ſaincte Garde.

Eſcript à Fournus, le xxij. Jour d'Aouſt 1574.

LET-

LETTRE LXII.

DU SEIGNEUR DE BOURDEILLE A LA REYNE-MERE,

escripte le 22 de Septembre 1574.

Madame,

Il y a quelque temps quil pleut au feu Roy me donner une Abbaye, en la Faveur du Roy qui eſt à preſent & de vous. Parce que je nay recouvert les Bulles dans le Temps quil eſtoit requis, & quon me demandoit deux mille Eſcus pour les Depeſches, queſt plus que ne monte le Revenu de deux Années, pour l'Eſperance que javois que Sa Majeſté meuſt continué mon Don, jay beaucoup mieulx aymé les deſpendre pour ſon Service. Et craignant un Trio de Demandeurs qui ſont auprès du Roy voſtre Fils, je vous ay bien voulu ſupplyer très-humblement, Madame, de me le vouloir faire continuer par Sa Majeſté : & ce ſera entretenir mes Moyens,

H 2

leſlefquels ne feront jamais efpargnez pour voftre Service. Et fur ce je fupplie le Createur, Madame, maintenir voftre Grandeur en toute Profperité très - heureufe, & très-longue Vie.

De Perigueux, ce xxij. Septembre 1574.

LETTRE LXIII.

DU ROY HENRY III. AU SEIGNEUR DE BOURDEILLE,

efcripte le dernier de Septembre, & reçeue le 7 d'Octobre 1574.

M^R. DE BOURDEILLE,

APRE's avoir ouy le Doyen de Poictiers, & veu la Lettre que vous avez efcripte par luy à la Reyne ma Dame & Mere, jay advifé de vous envoyer le Paffeport que vous trouverez avec la prefente, à celle Fin que le Lieutenant de Poictiers, auquel ma bonne Grace ne fera jamais defnyée,

pour-

pourveu quil satisfasse à son Devoir,
puisse envoyer celuy quil voudra
en toute Seureté vers moy. Ce Porteur reviendra avec celuy qui reviendra, pour sa plus grande Seureté.

AU DEMEURANT, par la Depes-
che, que je vous ay faite par le Seigneur du Breulh, vous avez sçeu que
jauray envoyé de de-là le Mareschal
de Montluc, pour pourvoir à tout
ce qui est necessaire pour mon Service. Par-quoy, je ne vous en feray
Redite par la presente. Je nay reçeu
la Lettre que vous dites mavoir escripte pour un nommé Peschaud. Quand
je sçauray les Considerations pour lesquelles vous le desirez, je adviseray
à vous contenter, ayant assez de
Confiance de vostre Affection pour
croire que vous ne parleriez pour
luy, si vous y cognoissiez aultre chose que Bien. Priant Dieu quil vous
ayt, Monsieur de Bourdeille, en sa
saincte Garde.

Escript à Lyon, ce dernier Jour
de Septembre 1574.

LETTRE LXIV.

DE LA REYNE-MERE AU SEI-GNEUR DE BOURDEILLE,

escripte le dernier de Septembre , & reçeue le 7 d'Octobre 1574.

M^R. DE BOURDEILLE.

AUSSI-TOST que le Roy Monsieur mon Fils a sçeu ce que m'avez escript par le Doyen de Poictiers, il a commandé le Passeport quil vous envoye, & vous asseure, quil sera très-ayse, que le Lieutenant du-dit Poictiers luy donne Occasion davoir Contentement de luy, comme aussi de ma Part je seray : qui est tout ce que je vous puis escripre à ceste Heure ; priant Dieu quil vous ayt, Monsieur de Bourdeille, en sa saincte Garde.

Escript à Lyon, ce dernier Jour de Septembre 1574.

LET-

LETTRE LXV.

DE SEIGNEUR DE BOURDEILLE AU ROY HENRY III,

envoyée par la Salle, le 8 d'Octobre 1574.

SIRE,

JAY reçeu la Lettre quil vous a pleu mescripre avec le Passeport par ung de vos Courriers pour le Sr. de la Salle, qui sen va vous trouver de la Part du Lieutenant de Poictou, lequel ma communiqué beaucoup de Choses qui importent vostre Service, quil vous fera entendre plus amplement; & cognoistrez par-là, que le-dit Lieutenant vous donnera les Moyens de mettre vostre Royaulme en Paix, dont il est si grand Besoing.

LE-DIT la Salle ma dit, que vous le cognoissiez fort bien, & quil a esté souvent honoré de vos Commandemens, vous ayant fait Service en

H 4   tou

toutes ces Guerres, ayant des Harque-
busades sur luy en Tesmoings. A ce
que je puis entendre de luy, il a
bonne Volunté de se contenir fidellement en vostre-dit Service, est Homme d'Esprit, & qui a beaucoup apprins des Desseins de vos Ennemis;
& me semble quil vous servira bien
en ceste Negociation, si vous luy
commandez.

Aussi que je puis entendre par
daultres des Principaux de la Religion, ils ne desirent que bonne Paix,
ausquels jay fait Response, quils peuvent cognoistre vos Actions à toutes
ces Guerres pour les belles Victoires
que vous avez eu dessus eulx : &
que navez jamais usé de Rigueur
envers ceux qui ont esté vos Prison-
niers, mais au contraire de toute
Benignité & Doulceur, ne desirant que
bonne Paix & Union en ce pouvre
Royaulme. Despuis, mavez tant honnoré de me mander que je fisse entendre à ceux qui sont mes Amis, que
vous naviez point changé ceste Volunté : mais, que vous estiez le plus
marry de les voir en leur Opinias-
treté contre vous & vostre Estat; &
que vous estiez Roy veritable, & ce
que

que vous promettrez, vous le tiendrez,
& ne fault pas quils usent en vostre
Endroit en la Façon quils ont fait
au feu Roy vostre Frere : & que
ceux, qui voudront venir vers Vostre Majesté, je les ay asseurez quils y
trouveront de la Doulceur, Benignité, & Misericorde plus quils ne pensent. Et en y a beaucoup qui ont
Esperance en vous; mais, leur Resolution de tous est davoir Exercice de
Religion : & masseure, quils se con-
tenteront de Raison, si les Choses
sont bien menées comme jespere quelles feront par vostre grande Providence.

QUANT à l'Estat de ce Pays, Langoyran & Vivans sont le plus souvent aux
Champs, pillant & mangeant vostre
Peuple avec leurs Complices. Je vous
ay mandé le peu de Moyens que jay
pour les empescher, tant à faulte
d'Hommes que d'Argent; & faites Estat, que vous naurez pas grands Deniers de ce Pays de vos Subjects.

JE reçeus hyer une Lettre de Monsieur de Montpencier du premier Jour
de ce Mois, par laquelle il me mande quil est à Jazeneui, là-où je vous
vis bien fasché. Il espere daller assieger Lusignan : & toute la Noblesse,

qui eſt dedans, ont renvoyé leurs Chevaulx.

DIMANCHE dernier, le Sr. de Puymartin print un Fort, appellé la Ber-
gerie, qui eſt près de Sarlac, par Intelligence quil avoit, & couppa la
Gorge à trente ou quarante Soldats
qui eſtoient dedans : vous aſſeurant,
Sire, quil neſpargne ſa Vie ny ſes Biens,
pour vous faire Service en ce Pays de
Sarladois. Je penſe que vous avez
ſçeu par le Sr. de Loſſe, ſon Beau-Frere, que ceſt luy qui a trouvé les Moyens de recouvrer la Ville de Sarlac.
Il me ſemble, que devez le remercier
par Lettres, en attendant que quelque Occaſion ſe preſente pour le remercier en Bien & en Honneur.

JAY reçeu une Lettre de la Reyne
voſtre Mere le vingtieſme de Septembre, & enſemble une aultre que Sa Majeſté eſcripvoit à Madame de Caumont,
laquelle je luy ay envoyé, & luy ay fait
entendre l'Obligation que ſon feu Mary
& elle auroit envers le feu Roy & la
Reyne voſtre Mere, pour navoir voulu
aulcunes Garniſons en leurs Maiſons
fortes, ny que leurs Vaſſaux contri-
buaſſent à aulcunes & aultres Garniſons,
& que pour obvier à ce que pourroient
dire

dire les Gens, elle trouvaſt Moyen de mettre le - dit Chaſteau de Caumont en voſtre Obeyſſance , obſervant dy mettre telles Gens que bon luy ſemblera : laquelle ma fait Reſponſe, quelle ne fut jamais tant marrie de Choſe que de ceſte Prinſe. Combien quelle a pour cent mille Livres de Vivres & de Meubles dedans, elle nen eſt point tant marrie, & quelle fera tout ce quelle pourra pour le remettre en voſtre Obeyſſance ; ce quelle fait comme je puis en entendre. Langoyran a mis Vivans dedans, lequel eſt de la Terre de Caſternault appartenante au feu Seigneur de Caumont.

Je nay point encore ſçeu de Nouvelles de Monſieur le Mareſchal de Montluc, ſi non quil paſſa Lundy dernier à Sarlac, & par le Pays de Quercy, pour sen aller en ſa Maiſon. Incontinent quil y ſera, je maſſeure quil ne ceſſera point que vous noyez bientoſt parler de luy.

Voila' tout ce qui seſt paſſé en ce Pays icy deſpuis la derniere Depeſche que je vous fis par ce Doyen de Poictiers. Il vous plaira me commander pour voſtre Service, affin que je lexecute fidellement. Sur ce je prieray le

H 6

Crea-

Createur, Sire, vouloir maintenir voſtre Grandeur en bonne Proſperité trèslongue & heureuſe Vie.

De Perigueux, le viij d'Octobre 1574.

***

LETTRE LXVI.

DU SEIGNEUR DE BOURDEILLE A LA REYNE,

envoyée par la Salle, le 8 d'Octobre 1574.

MADAME,

QUAND le Courrier meſt venu trouver avecques le Pacquet du Roy, je depeſchois le Sieur de la Salle pour ſen aller devers vous, encore quil neuſt point de Paſſeport ny d'Aſſeurance ; mais, pour le Zelle quil a eu tousjours au Service du Roy & au Voſtre, il na craint de ſe mettre en Chemin, pour vous faire entendre beaucoup de Choſes de la Part du Lieutenant de Poictou quil ſaſſeure quel-

les

les vous feront agreables , lefquelles
il ma communiquées bien au long : &
par-là vous cognoiffez combien ce - dit
Lieutenant de Poiétou defire fe remettre en vos bonnes Graces.

A ce que je puis entendre par le-
dit la Salle , le-dit Lieutenant a beaucoup de Moyens pour faire une
bonne Paix , mais il en y a beaucoup
qui font plus propres les ungs que
les aultres pour toutes Negociations ,
comme il **vous** dira librement , &
toutes aultres Chofes que vous luy
demanderez : & a bien le Moyen &
Experience pour vous faire ung bon
Service en cecy, pour la Fiance que
le-dit Lieutenant a en luy, & auffi parce quil a cognu beaucoup de Chofes
avec les Huguenots. Par - quoy, Madame, il me femble quil vous fervira bien en cefte Negociation, fi vous
ly employez. Et fi vous voyez, que
je vous puiffe fervir en cela, il vous
plaira me commander; car, je le feray fidellement.

ENCORE que le-dit de la Salle eft
riche, & a des Moyens de recouvrer
des Deniers, mais il na pas efté en
fa Maifon ny ne peut aller encore ;
queft Caufe que je luy ay baillé cin-

H 7

quante

quante Escus pour faire son Voyage. Ce mest tousjours Despense, & ne me donnez Moyen de la soustenir. Parquoy, je vous supplye très-humblement, Madame, dy avoir Esgard sur cela

Par la Lettre que jescrips au Roy, vous verrez en quel Estat sont les Affaires de ce Pays despuis la derniere Depesche que je vous fis par le Doyen de Poictiers. Sur ce je prie le Createur, Madame, maintenir vostre Grandeur en bonne Prosperité & longue, & heureuse Vie.

De Perigueux, le viij d'Octobre 1574.

LETTRE LXVII.

DE LA REYNE-MERE AU SEIGNEUR DE BOURDEILLE,

escripte le premier Septembre 1574.

Mr. DE BOURDEILLE,

Le Roy Monsieur mon Fils, qui est, Graces à Dieu, en très-bonne Santé, se fe portant fort bien de fon Voyage, arrivera, Dieu aydant, felon les Journées quil fait, & ce quil ma efcript, Lundy en cefte Ville; dont je vous ay bien voulu donner Advis, à ce que vous en faites rendre Graces à Dieu, en chantant le *Te Deum* par les Eglifes, & faire les Feux de Joye, en l'Eftenduë de voftre Charge. Et neftant la prefente à aultre Fin, je prie Dieu, Monfieur de Bourdeille, vous avoir en fa fainéte Garde.

Efcript à Lyon, le premier de Septembre 1574.

LETTRE LXVIII.

DU ROY HENRY III. AU SEIGNEUR DE BOURDEILLE,

efcripte le 3 & *reçeue le* 6 *d'Octobre* 1574.

M^R. DE BOURDEILLE,
MA derniere Lettre, envoyée par

ce

ce Courrier qui vous est allé trouver, fut faicte si à la haste, quil ne me souvint de respondre à ce que mavez mandé touchant l'Entretenement de vostre Compaignie de Gens d'Armes. Sur-quoy vous sçaurez que je vous sçay fort bon Gré de men parler ainsin franchement. Et pour vous respondre de mesme, je vous diray que je desire, que vous la remettiez sus, tout ainsin que ont faict les aultres de pareille Qualité que vous, affin de me servir durant la Guerre. Mais, je ne vous puis pour le present asseurer de lentretenir en Temps de Paix, pour ce que je ne peux prevoir en quel Estat seront alors mes Affaires. Bien vous asseureray, que en tel Cas je feray tousjours autant pour vous que nul aultre, pour le Contentement que jay de vostre Service: &, pour ce, je ferois bien marry de vous contraindre à faire Chose qui vous tournast à Ruyne, je remets le tout à vostre Discretion, & en ferez ainsin que bon vous semblera ; nestant la presente, que pour vous faire sçavoir mon Intention sur ce Poinct. Je prye Dieu, Monsieur de Bourdeille, quil

vous

vous ait en sa saincte & digne Garde.

Escript à Lyon, ce iij Jour d'Octobre 1574.

Ainsin signé HENRY.

Et plus bas, DE NEUFVILLE.

LETTRE LXIX.

DU ROY HENRY III. AU SEIGNEUR DE BOURDEILLE,

escripte le 25 de Septembre 1574.

M^R. DE BOURDEILLE,

ESTANT les Affaires de mon Pays de Guyenne, & mesmement du Cousté de deçà la Riviere de Garonne, au mauvais Estat quils sont, pour l'Authorité & Forces quy ont ceux qui ont prins les Armes contre mon Authorité, & pour troubler mes Subjects, jay advisé dy envoyer le Seigneur de Montluc, lequel jay fait & creé Mareschal de France, luy ayant donné plein Pouvoir

voir de commander entierement au-
dit Pays, & faire tout ce quil co-
gnoiſtra eſtre neceſſaire pour mon Service, tant pour le Faict des Armes,
que pour toute aultre choſe du Monde: que ſen allant oultre cela bien
inſtruict de mon Intention, toute la Reſponſe que je feray aux Lettres que
vous avez eſcriptes à la Reyne ma Dame & Mere, du Mois d'Aouſt dernier & à moy, ſera pour vous faire
entendre, que jay trés-grand Contentement du bon Devoir que vous avez
tousjours fait en voſtre Charge, &
meſmes deſpuis le Decès du feu Roy
mon Seigneur & Frere, nayant rien
eſpargné de tout ce que vous avez eu
de Pouvoir & Moyen à reprimer
l'Inſolence des Perturbateurs, conſerver mon Authorité, mes Subjects, &
mes Villes, & nommement celle de
Perigueux, en mon Obeyſſance; Choſe, que je meſtois tousjours bien pro-
miſe de vous, laquelle auſſi je nou-
blieray jamais, ains deſire recognoiſtre quand l'Occaſion ſen preſentera,
comme vous cognoiſtrez par les Effects.

ESTANT le-dit Sr. de Montluc arrivé au Pays, je vous prie laller trouver

ver auſſi-toſt quil vous mandera pour luy faire entendre en quel Eſtat ſont toutes Choſes tant en l'Eſtenduë de voſtre Seneſchauſſée que ailleurs, dont vous avez plus de Cognoiſſances que nul aultre, pour vous avoir la Reyne-Mere eſcript, deſpuis le Partement du Seigneur de Loſſe, prendre garde à tout ce qui toucheroit mon Service au-dit Pays. Ce que vous avez fait au mieulx quil vous a eſté poſſible ſelon les Moyens que vous avez eus.

Au Demeurant, Monſieur de Bour-deille, voulant conſerver, voire aug-menter aux Baillifs & Seneſchaulx des Provinces de mon Royaulme l'Authori-té & Pouvoir de leurs Eſtats, je de-ſire quils commandent dores en avant entierement à tout ce qui ſe preſente-ra pour mon Service en l'Eſtenduë de leurs Baillages & Seneſchauſſées, en l'Abſence toutes fois des Gouver-neurs & Lieutenans-Generaux de mes Provinces ; au Moyen de quoy, je vous prie de vouloir, comme Seneſ-chal de Perigord, prendre garde à tout ce qui ſoffrira au-dit Pays pour la Conſervation dycelluy, & toutes aul-tres Choſes qui ſeront neceſſaires, & meſmement pour le Soulagement de

mes-

mes-dits Subjects & de mon pouvre
Peuple, duquel je vous affeure avoir
très-grande Compaffion.

ET, pour ce faire, je defire, que
vous faffiez dores en avant Refidence à
Perigueux, qui eft la capitale Ville
de voftre-dite Senefchauffée, en laquelle vous ne fauldrez, incontinent
la prefente reçeue, de faire affembler
la Nobleffe du Pays, pour luy faire
entendre le Contentement que jay de
l'Affection que les Gens de Bien mont
demonftrée pendant mon Abfence, de
l'Obeyffance quils ont rendue à la
Reyne Madame ma Mere; & au contraire le Regret & Defplaifir que ma
donné la Defobeyffance obftinée de
ceux qui troublent mon Royaulme : &
affin de faire Difference des ungs &
des aultres, & recognoiftre ceulx
qui en font dignes, leur direz, que
je veulx fçavoir & cognoiftre tous
ceux qui me font affectionnez &
qui ont bonne Volunté de me faire
Service, & les affeurant, que perfe-
verant en ycelle comme je les en prie,
je ne les oblieray point quand l'Occafion fe prefentera; les admoneftant
& priant davoir ung Chafcun deux
tousjours un bon Cheval & de bonnes

nes Armes, selon son Moyen & Puissance, pour se rendre auprès de vous
ou de mes Lieutenans-Generaux,
quand il sera de besoing. Ce que
vous regarderez à leur remonstrer si
doulcement & à propos, & avecques
tant de bonnes Raisons sur leur Conservation & mon Service, quils soient
meus à vous croire.

APRE's que vous aurez saict la-dite Remonstrance, & veu le Sr. de
Montluc, je suis bien content, Monsieur de Bourdeille, pour le Desir que
jay de vous voir, que vous me veniez trouver la Part que je seray. Je
vous promets, que serez le très-bien
venu. Et pour ce que le Sr. de la
Borie a tousjours fort bien servy à
Perigueux quand il y a esté, quil
mest fort agreable & fidele Serviteur,
je desire quil demeure en la dite Ville, pour y commander pendant vostre Absence, suivant la Lettre que
je luy escrips presentement, laquelle vous luy baillerez, en luy faisant
entendre mon Intention & tout ce
qui est pour mon Service. Jescrips
aussi à ceux de Perigueux le Contentement que jay de la Fidelité quils
mont rendue soubs vous, & quils obeys-

sent

sent en vostre Absence audit Sr. de la Borie. Priant Dieu vous avoir, Monsieur de Bourdeille, en sa saincte & digne Garde.

Escript à Lyon, le xxv. de Septembre 1574.

Ainsin signé Henry.

Et plus bas, de Neufville.

LETTRE LXX.

Du Seigneur de Bourdeile au Roy Henry III, *escripte le* 1. *de Novembre* 1574.

Sire,

Vous sçavez que à vostre Partement de la Rochelle, que vous donnastes Charge au Comte Gayazze de venir prendre le Chasteau d'Aubeterre avec les Suisses, & me commandistes d'assister avec luy, pour faire rendre le-dit Chasteau ; ce que je fis : & fut rendu par la Dame d'Aubeterre entre les Mains de Chamberlanne par mon Moyen. Au bout de quelque Temps,

la

la-dite Dame mit son Fils aisné entre mes Mains, pour le mener au feu Roy vostre Frere, lequel lavoit tant honnoré de laccepter à son Service pour estre nourry auprès de sa Personne. Mestant mis en Chemin, ces Guerres commencerent, de façon que je fus contraint de men retourner icy pour le Deub de mon Estat, & aussi pour le Service du feu Roy & le vostre, dont je nay bougé despuis ; & le-dit Fils tousjours avec moy, portant les Armes pour le Service du Roy, avec bonne Volunté de continuer, comme je le puis asseurer, Sire, & de rhabiller les Faultes de son feu Pere. Parquoy, je vous supplyeray très-humblement, Sire, le vouloir tant honnorer, que de laccepter & prendre en ceste Façon, selon la Volunté du feu Roy.

ENVIRON la Sainct-Jean derniere, craignant que ceux d'Achon, & ledit d'Aubeterre, eussent Dispute pour leur Recolte des Fruicts, comme il y avoit de l'Apparence, & que ceux de la Religion, & beaucoup de Catholiques, des principaux des deux Coustez, qui sont en ce Pays Parens desdits Enfans, s'en meslissent, que fust

esté

esté fort prejudiciable pour voſtre Service; jay adviſé deſcripre à Monſieur de Ruffec, & le prier de trouver Moyen de les accorder pour les Fruicts de ceſte Année ſeulement; que je mettrois peine de faire venir ceux d'Aubeterre à Raiſon; & de faict, ils furent daccord, moyennant quils mettroient le-dit Chaſteau entre les Mains de Monſieur de Ruffec; mais, voyant quil fuſt eſté malayſé de ly remettre, pour beaucoup de Raiſons, que je mandis au feu Roy & à la Reyne voſtre Mere; & pour ce que je craignois que toutes ces longues Guerres fuſſent prejudiciables, jenvoyay tout auſſi - toſt devers leurs - dites Majeſtez pour les ſupplier très-humblement quil leur pleuſt de me donner en Garde le-dit Chaſteau, & que jy mettrois un Gentil-Homme Catholique Homme de Bien dedans : ce quil maccorda voluntiers, & meſcript de le prendre, & au-dit Chamberlanne de me le donner, lequel ne la voulu faire, voyant que les Lettres neſtoient ſuffiſantes pour ſa Deſcharge; &, ſur cela, le feu Roy mourut. Incontinent je recourus devers la Reyne voſtre Mere, pour menvoyer Commiſſion en Charge ex-

preſſe

preſſe pour ce Faict, comme elle fit.
Toutesfois, cela ne ſuffit, parce que
le-dit Chamberlanne demande une
Deſcharge en forme de Lettres Patentes ſcellées, & aultres pour moy pour
le prendre, sil vous plaiſoit le ordonner en ceſte Façon. Par ces Moyens,
le-dit Chaſteau eſt demeuré tousjours
en voſtre Obeyſſance, & le-dit Sr.
Chamberlanne tant bien garde, &
vous eſt fidele Serviteur, & a beaucoup deſpendu, & demande ſes Arrerages du Payement de ſes Soldats.
Voilà ce qui a eſté paſſé pour le Regard du-dit Chaſteau deſpuis voſtre
Partement, comme la Reyne voſtre
Mere vous teſmoignera; qui eſt la
Cauſe que je vous envoye ce Porteur
pour vous ſupplyer très-humblement
de menvoyer par luy toutes les Depeſches qui ſont neceſſaires à ce Faict,
comme on vous fera entendre par
Requeſte, ou bien men mander voſtre
Volunté.

Jay deliberé, ſuivant les Comman-
demens quil vous a pleu faire à la
Depeſche que mavez faicte par le
Seigneur du Breulh, vous aller baiſer les
Mains, & partir dedans quinze Jours
ou trois Sepmaines. Il vous a pleu auſ-

fi me mander, que vous avez très-
agreable ce que jay fait en ce Pays
defpuis ces Guerres pour voftre Service, dont je loue Dieu : vous affeurant, Sire, que fi jeuffe eu les Moyens
tels que jeuffe bien defiré, je vous
euffe fait cognoiftre de quelle Affection je vois en voftre Service. Auffi
vous me mandez que jefleuffe en ce
Pays un Gentil-Homme tel que je verray eftre fuffifant en mon Abfence ;
ce que je fairay : mais, je crains bien,
que je nen trouveray point qui veuille demeurer icy comme je fais, qui
eft fans Eftat ny demy defpuis huiĉt
à neuf Mois que jay fejourné en cefte Ville comme en une Hoftellerie ; &
defpite tout Homme de ce Pays icy
qui dira que jaye prins la Valleur du-
ñe Poule fans payer, & peu d'Efperance deftre rembourfé, à ce que je
puis voir par vos Lettres, fi-non que
par belles Promeffes. Par-quoy, je
fupplyeray très-humblement, Sire, de
les mettre à Effeĉt, sil fe prefente
quelque chofe à me donner.

JE nay failly denvoyer un Gentil-
Homme devers le Sr. Marefchal de
Montluc, pour luy faire entendre
comme vous mavez mandé de vous
aller

aller trouver , & aussi des Affaires de ce Pays & en quel Estat ils sont. Vous avez escript à vos Officiers & Juges de ceste Ville, aux Habitans dycelle, d'obeyr au Sr. de Borie en mon Absence ; mais, il est mort, quest la Cause que je nay point voulu donner les Lettres. Il vous plaira de leur en escripre daultres, & leur commander dobeyr à celuy que je nommeray.

VOILA' tout ce que jay. Sur ce je prie Dieu, Sire, quil veuille maintenir vostre Grandeur en toute Prosperité très-longue & heureuse Vie.

De Perigueux, ce premier Jour du Moys de Novembre.

LETTRE LXXI.

DU SEIGNEUR DE BOURDEILLE A LA REYNE-MERE,

envoyée par Lage, Solliciteur de M. d'Aubeterre, le 1 de Novembre 1574.

MADAME,

IL pleut à Voftre Majefté il y a quelque temps menvoyer Commiffion adreffante au Sénefchal d'Angoulmois, pour me mettre dans le Chafteau d'Aubeterre ; ce que le Sr. de Chamberlanne na voulu fouffrir, que premierement il neuft des Lettres Patentes pour fa Defcharge, & pour ce faire payer de fes Arrerages : qui eft la Caufe que jenvoye ce Porteur de par de-là, pour vous faire entendre amplement ce Faict. Et sil plaift au Roy de me le donner en Garde, je y mettray ung Gentil-Homme, Homme de Bien & Catholique, qui le gardera en l'Obeyffance de Sa Majefté. Je luy en efcrips bien au long, comme vous

pour-

pourrez voir, ensemble de toutes
Chofes qui fe paffent en ce Pays. Sur
ce, je prieray le Createur, Madame,
quil veuille maintenir voftre Grandeur
en très-longue & heureufe Vie.

De Perigueux, ce premier Jour du
Mois de Novembre.

LETTRE LXXII.

DU SEIGNEUR DE BOURDEILLE AU ROY HENRY III.

SIRE,

POUR refpondre aux Lettres quil
vous a pleu mefcripre par le Seigneur
du Breulh, je nay failly incontinent
envoyer devers le Seigneur Marefchal de Montluc, pour luy faire entendre bien amplement les Affaires
de ce Pays, & l'Ordre que jay mis aux
Garnifons des Villes & Places fortes
du-dit Pays. Il avoit pleu à la Reyne
voftre Mere menvoyer en Commiffion
pour lever les Deniers & Payement
de fix cens Hommes de Pied, quil a-
voit pleu à Sa Majefté ordonner pour

la

la Garde dycelluy; ce que le-dit Seigneur Marefchal a trouvé bon, & me mande que je le continue. Il eft à Agen où il met Ordre pour amaffer des Gens & Argent, en attendant voftre Reponfe fur une Depefche. Il vous a envoyé un Gentil-Homme, afin de fçavoir voftre Volunté de tout.

Il a Volunté daller devers Caumont, & nettoyer le Pays d'Agenois. Il ma femblé quil feroit plus profitable pour voftre Service, & pour voftre Guyenne, de sen venir droit à Bergerac, sil a l'Efquipage de l'Artillerie fi neceffaire. Car navez Ville en toute la Guyenne de plus grande Confequence que cefte-là, dautant que ceft un Paffage, par lequel toutes fois & quantes que les Ennemis vouldront, ils saffembleront en Xainctonge, ou en Languedoc, & Lieux circonvoifins de leur Faction. Et fi vous leur donnez Loyfir de le fortifier ceft Hyver, il fera malayfé de lavoir. Si Monfieur de Montpencier avoit fait à Lufignan, il vous fairoit un grand Service de paffer droit à Bergerac avec l'Efquipage quil a & celuy du-dit Seigneur Marefchal de Montluc. Je penfe
fe

se quil la prendroit. Aultrement, vous
ne laurez pas quil ne vous couste bon.
Ils font Estat, que ce fera une des
Villes quils retiendront pour leur Seureté, comme je lay mandé plusieurs
fois au feu Roy, & denvoyer de la
Cavallerie, affin quil ne gastassent point
tant le Pays. Quant au Pays de Xainctonge, jay entendu que ceux de Pons,
avec un Canon & une Collevrine,
alloient assieger le Seigneur de Sainct-
Maigrin en Sa Maison qui est peu
forte ; . . . . . . & le menerent dans
Pons, où il est encores.

Il vous a pleu aussi me commander
par la mesme Lettre de faire Residen-
ce en ce Lieu, comme jay fait despuis ces Guerres, & aussi dassembler
la Noblesse de ce Pays pour leur remonstrer comme vous estiez marry &
desplaisant de voir vos Subjects, tant
la Noblesse que le pouvre Peuple, se
manger lung laultre ; & que vous ne
feriez jamais à vostre Ayse, que vous
ne luy eussiez donné une bonne Paix :
& que Dieu vous feroit la Grace quelque jour de recognoistre vos bons Subjects & Serviteurs, & les recompen-
ser de Bienfaicts & Honneurs quand
les Occasions se presenteroient ; mais,

I 4

que

que pour ceſte Heure ils peuvent bien voir vos Neceſſitez & Affaires, & que vos Subſides ne ſont point payés. Ce que je leur ay tousjours remonſtré à toutes les Aſſemblées que jay faictes pour voſtre Service, tant du Temps du feu **Roy** que de ceſte Heure : leſquels mont aſſeuré, que vous les trouverez tousjours vos très-humbles & très-obeyſſans Serviteurs & Subjects, & les ay tousjours cognus tels. Je ne les ay point aſſemblez à ceſte Heure pour leur faire Remonſtrance de par vous, ſi-non de quelques-ungs des plus apparens & principaulx de ce Pays que je mande pour ceſte Occaſion ; & nay point trouvé, quils changent d'Opinion pour le grand Soin & Peine quils vous voyent prendre nous mettre tous en une bonne Paix, & pour le bon Regime que mettez en voſtre Royaulme : tellement que, ſi vous continuez, jeſpere voir ce-dit Royaume auſſi fleuriſſant quil fut jamais.

Il a pleu à Vos Majeſtez, me mander par vos dernieres Lettres, de men aller vous trouver, & de mettre le Fils du Seigneur de Borie icy en mon Abſence ; ce que jeuſſe faict, encore

core quil foit bien jeune , ayant cognu quil fuit les Traces de fon feu
Pere , & eft de vos très-humbles & fideles Serviteurs, eftant tousjours preft
quand je le mande pour voftre Service: mais , il a ung Affaire de Confequence devers Voftre Majefté , vous
fuppliant très-humblement, Sire, luy
vouloir octroyer voftre Faveur , affin
quil fe reffente du Service que fon
Pere a fait aux Roys vos Predeceffeurs & à vous ; & fera luy augmenter le bon Defir quil a de continuer
en voftre Service.

Jay mis icy le Seigneur de la Saux ,
qui eftoit Lieutenant de ma Compagnie , que bien cognoiffiez , fort
Homme de Bien & d'Honneur , & bien
experimenté , & fort agreable au Pays,
voftre fidele Serviteur. Je lay prié
de demeurer en cefte Ville ; ce quil
a accepté , pour le Defir quil a de
vous faire très-humble Service en ce
quil vous plaife de luy donner Moyen
de sentretenir icy en la Façon que
le-dit Seigneur de Borie avoit lors
quil y eftoit. Sur cela , il plaira à
Vos Majeftez efcripre au-dit Seigneur
de la Saux , & luy commmander dy
demeurer en mon Abfence , avecques

I 5

Let-

Lettres Patentes, affin quil soit plus au-
thorisé, & commander à Mrs. de la
Justice & de la Ville de luy obeyr.

MON Frere de Branthome est arrivé icy, lequel a envoyé incontinent
ung Homme devers Monsieur de la
Noue pour avoir son Passeport, afin
dobeyr à vos Commandemens; ce quil
fera fidellement: &, quant à moy,
Sire, je vous supplye très-humblement
ne doubter point que je nemploye ma
Vie & mes Biens pour ce Faict.

A CE que je puis entendre, ceux
de la Religion de ce Pays vouldront
bien Abstinence de Guerre cependant
quon trafiqueroit la Paix: mais, je leur
ay respondu, que, à mon Opinion,
vous ne leur accorderez point cela,
parce que cependant ils se fortifient
ès Villes quils tiennent; mais, ay bien
conseillé queux tous ensemble vous demandent Chose raisonnable, & que
masseure que vous leur donnerez: vous
asseurant, quil y a beaucoup dentre
eux, qui desirent fort la Paix.

JEUSSE party incontinent après avoir
receu vostre Lettre, & après avoir
mis Ordre en ce Pays, neust esté Faulte d'Argent: mais, pour le Desir que jay
de vous baiser les Mains, je fairay voyer
en-

encore quelque Morceau de Terre.
Voilà tout ce qui fe paffe pour cefte
Heure de par de-ça. Sur-quoy je prieray
Dieu, Sire, maintenir voftre Grandeur en toute Profperité longue &
heureufe Vie.

De Perigueux, ce . . . .

LETTRE LXXIII.

DU SEIGNEUR DE BOURDEILLE A LA REYNE-MERE,

envoyée par le Sr. de Borie, le 8 de Novembre 1574.

MADAME,

Le Seigneur de Borie sen va à la
Cour, pour ung Affaire d'Importance
quil y a, lequel ma prié bien affectueufement de vous fupplier très-humblement comme je fais de parler au
Roy pour luy, affin quil luy octroye fa
Requefte, comme il vous dira. Vous
fçavez, Madame, comme fon Pere
vous a efté fidele Serviteur, & a bien

fer-

ſervi touſjours les Roys, & a beaucoup deſpendu pour ce faire. Son-
dit Fils veult ſuivre les Erres de ſon-
dit Pere, comme je lay pu cognoiſtre durant ceſte Guerre, eſtant tousjours preſt lorſque je le mande pour
voſtre Service. Il vous plaira quil ſe
reſſente du Service, que ſon-dit feu
Pere a fait aux Predeceſſeurs Roys:
& par ce Moyen, vous luy augmenterez touſjours le bon Vouloir quil a
à faire Service à Vos Majeſtez. Vous
entendrez plus amplement les Affaires
de ce Pays par la Lettre que jeſcrips
au Roy. Sur ce je prieray Dieu,
Madame, quil maintiegne voſtre Grandeur en toute Proſperité longue &
très-heureuſe.

De Perigueux, ce viij. de Novembre
1574.

LET-

LETTRE LXXIV.

Du Roy Henry III. au Seigneur de Bourdeille,

escripte le 11. d'Octobre, & reçeue le 16 de Novembre 1574.

M^r. DE BOURDEILLE,

Par la Lettre que le Sr. de Longa ma escript, il ma donné tant d'Asseurance de mestre tousjours bon & obeyssant Subject, & de vivre selon mes Ordonnances, ne faire Chose contraire à mon Service, ny avoir aulcune Participation, que je luy ay accordé de vous escripre comme je fais presentement, & en advertis aussy mon Cousin le Mareschal de Montluc, de le maintenir & conserver en tout ce que vous pourrez, & luy faire Raison de certain Excès quil se plaint luy avoir esté faict par ung Homme de la Ville, Sergent du Capitaine la Place. Ainsi donc je vous

I 7   prie

prie luy pourvoir de tout ce que vous pourrez, à la Charge, comme dict est, quil vive selon mes Ordonnances, & non aultrement. Priant Dieu quil vous ait, Monsieur de Bourdeille, en sa saincte & digne Garde.

Escript à Lyon ce xj. Jour d'Octobre 1574.

LETTRE LXXV.

DU ROY HENRY III. AU SEIGNEUR DE BOURDEILLE,

escripte le dernier d'Octobre, & reçeue le 9 de Novembre 1574.

M^R. DE BOURDEILLE,

Le Sr. de Chalais a tant donné d'Asseurance de mestre tousjours bon & obeyssant Subject, & de vivre selon mes Ordonnances, & ne faire Chose contraire à mon Service, ny avoir aulcune Participation, que la Reyne ma Dame & Mere luy avoit cy-devant accordé Sauve-garde pour sa Personne

&

& Biens ; au Moyen de quoy, il fe feroit retiré dans fa Maifon de Chalais, & ycelle remis, par le Commandement du Sr. de Biron, ès Mains & Garde du Sr. de Belleveue. Mais, dautant quil defireroit grandement conduire fa Famille, pour la Conduite & Nourriture dycelle, & aller faire fa Demeure en fa Maifon de Grignaulx, en laquelle auriez mis quélques Soldats en Garnifon, il ma fait fupplyer, & luy accorde, de vous efcripre la prefente, comme je fais, pour vous prier & ordonner, que, après avoir reçeu la Seureté de Fidélité, avec Affeurance de Corps & Biens du-dit de Grignaulx, quil offre bailler & figner de fa Main, vous ayez à faire vuider la-dite Garnifon, y laiffant vivre & demeurer en toute Seureté & Liberté le-dit de Chalais avec fa-dite Famille, & ne permettre quil foit molefté en Façon que ce foit. Et neftant la prefente à aultre Effect, je prie Dieu, quil vous ayt, Monfieur de Bourdeille, en fa faincte Garde.

Efcript à Lyon le dernier Jour d'Octobre 1574.

LET-

LETTRE LXXVI.

DE LA REYNE-MERE AU SEIGNEUR DE BOURDEILLE,

escripte le 18 d'Octobre, & reçeue le 9 de Novembre 1574.

M^R. DE BOURDEILLE,

Vous voyez ce que le Roy Monsieur mon Fils vous marque, & comme il veult donner la Paix à ses Subjects, pourveu quils sen rendent dignes, ne desirant rien tant que de les ouyr & recepvoir en sa bonne Grace.

Le Lieutenant de Poictou se peut asseurer, quil ne sçauroit luy faire Service qui luy soit plus agreable, que de faire reussir ceste Negociation selon que le Roy mon Fils desire, comme je vous prie de luy dire de ma Part, & lasseurer que jembrasseray tousjours qui luy rendra Service, avecques aultant d'Affection quil me sera possible, pourveu que ses Actions respondent à ce quil nous mande.

Au

AU DEMEURANT, il me semble que vous fairez beaucoup pour le Service du Roy mon-dit Seigneur & Fils, que de venir avecques ceux quils depute-ront, aussi quil vous en prie, ce que je fais aussi autant que je puis. Il a esté baillé douze cens Escus au Capi-taine la Salle, desorte quil vous rendra les cinquante Escus que vous luy avez advancez, dont le Roy mon-dit Seigneur & Fils vous sçait très-bon Gré. Priant Dieu, Monsieur de Bourdeille, vous avoir en sa saincte & digne Garde.

Escript à Lyon, ce xviij Octobre 1574.

LETTRE LXXVII.

DU ROY HENRY III. AU SEIGNEUR DE BOURDEILLE,

escripte le 18 d'Octobre 1574.

M^R. DE BOURDEILLE,

JAY ouy parler le Capitaine la Salle, & prins en bonne Part ce quil ma fait entendre tant pour le Faict de la Paix, que pour ce qui concerne le Lieutenant de Poictiers, desorte que luy envoye le Passeport quil ma demandé, affin quil se puisse plustost acheminer en Languedoc suivant leur Proposition; & vous asseure, quil ny a rien que je desire plus que de faire la Paix, comme je feray cognoistre par Effect, toutes les fois & quantes que chascun fera de son Cousté ce quil doibt.

LE-dit la Salle ma dit que les Subjects de la nouvelle Opinion, qui

font

font par de-là, deputeront quelques-
ungs dentre eux, pour se rendre au-
dit Pays de Languedoc avecques
Charge de recepvoir la-dite Paix &
la negocier; & mesme, que le Sr. de
la Noue seroit pour estre choisy.
Toutesfois, nen estant bien certain,
il me demande un Passeport en blanc
du Nom de celluy qui seroit deputé.
Sur-quoy jay pensé de vous adresser le-
dit Passeport, affin que vous le fas-
siez remplir ainsi quil sera de Besoing,
& quil ne soit employé à aultre Effect.
Je desirerois fort que le-dit Sr. de la
Noue en eust esté chargé, tant pour
les Graces especiales quil a reçeues de
moy & dont il mest particulierement
obligé, que pour le cognoistre capable de Raison & Amateur du Repos
public de ce Royaulme. Si vous pouvez en cela quelque chose, je vous
prie de vous y employer; car, jauray bonne Esperance de ceste Negociation, pourveu que le-dit Sieur de
la Noue en soit Ministre: &, en ce
cas, je desirerois bien aussi, que pour
disposer tousjours mieulx les Choses
à quelque bon Effect, vous puissiez
venir ensemble avecques le-dit Sr.
de la Noue & aultres Deputez au-
dit

dit Pays de Languedoc, où je machemine presentement. Au Moyen de quoy je vous prie adviser si cest Chose que vous puissiez faire à me donner ce Contentement, & vous me fairiez bien grand Plaisir.

QUANT à mes Affaires de par de-là, men estant du tout remis sur le Mareschal de Montluc, jattends de ses Nouvelles, pour en faire quelque bonne Resolution, dont vous serez bientost adverty, si vous estes encore au Pays. Sur-tout, je vous prie advancer l'Acheminement desdits Deputez autant quil vous sera possible, plustost quil se puisse faire quelque bonne Conclusion pour la Tranquillité de mon Royaume, & Soulagement de mes pouvres Subjects. Priant Dieu vous avoir, Monsieur de Bourdeille, en sa saincte & digne Garde.

Escript à Lyon, le xviij. Jour d'Octobre 1574.

LETTRE LXXVIII.

DU SEIGNEUR DE BOURDEILLE AU ROY HENRY III,

envoyée par le Sr. de la Bußiere, le 15 de Novembre 1574.

SIRE,

JE vous ay respondu par le Sr. de Borie à la Depesche quil vous avoit pleu me faire par le Sr. du Breulh, & entre aultres Choses je vous mandois, que jay mis en ceste Ville le Sr. de la Paux, lequel a esté cy-devant Lieutenant de ma Compagnie, Homme de Bien & d'Honneur, & vous est fidele Serviteur, bien experimenté à la Guerre, & fort agreable aux Habitans de ceste Ville & au Pays. Je lay prié de demeurer icy, ainsin que maviez commandé, en mon Absence ; ce quil a accepté pour le Desir quil a de vous faire très-humble Service, pourveu quil vous plai-

plaife, Sire, luy donner quelque peu de Moyens pour sentretenir en la-dite Ville comme le feu Sr: de Borie avoit: & sil vous plaift quil y demeure, je vous prie luy envoyer Lettres Patentes expreffes pour y commander, affin quil foit mieulx authorifé au-dit Pays; & des Lettres à vos Officiers de la Juftice de cefte Ville & aux Habitans dycelle pour luy obeyr.

AYANT faict entendre au Sr. Marefchal de Montluc l'Eftat des Affaires de ce Pays, comme il vous a pleu me commander, je mappreftois pour men aller vous trouver; mais, le **Ca**pitaine la Salle arriva icy le neufviefme de ce Mois, me portant une Lettre de vous dattée du huictiefme Jour d'Octobre avec des Paffeports en blanc, pour mettre les Noms des Gentils-Hommes ou aultres que ceux de la nouvelle Opinion de Poictou vouldroient envoyer à leurs Confederez pour conferer de Paix.

LE-dit la Salle ma fait entendre fon Voyage de Poictou, & comment il a paffé par le Camp de Monfieur de Montpencier, là-où mon-dit Sieur de Montpencier luy commanda de parler avec ceux de Lufignan, comme il fit;

mais,

mais, il ne put rien faire avec eux:
& ma dit, que Monſieur de Montpencier demeurera beaucoup devant
le-dit Luſignan avant quil le prenne.
Et de-là il sen alla trouver le Lieutenant de Poiĉtou, pour communiquer a-
vec luy de ce que luy aviez commandé.
Incontinent le-dit Lieutenant & luy
allérent à la Rochelle, pour parler
au Sr. de la Noue & aux Rochellois:
mais, les-dits Rochellois nont point
voulu quils entraſſent dans la Ville,
ne quils parliſſent au-dit Sr. de la
Noue. Quoy voyant le-dit Lieutenant,
il les pria de le faire parler à Par-
dailhan, ce quils nont jamais voulu
permettre; diſant, que le-dit Lieutenant eſtoit allé trouver mon-dit Sieur
de Montpencier ſans leur Sçeu. Toutesfois, il dit que eux meſmes la-
voient prié de y aller, pour parler
avec les Deputez qui alloient devers
vous. Si eſt-ce quil fit tant avec eux,
quil parla au Sr. de Syreul, qui eſt
lung des Deputez qui feirent la Paix
avec vous devant la Rochelle; & auſſi
avec le Sr. de Champignie, que le-
dit Sr. de la Noue amena avec luy
quand il ſortit de la-dite Ville durant
le Siege, & lequel eſt des Negocia-
teurs

teurs du Sr. de la Noue avec deux
aultres Rochellois. Et tous quatre
parlerent enfemble avec le-dit Lieutenant par l'Efpace de deux ou trois
Jours à Tadon, & ne purent refou-
dre aultre Chofe fi-non quils atten-
droient les Deputez.

ET, après avoir entendu du-dit,
Capitaine la Salle tout ce que deffus,
jadvifay de men aller jufques à Bourdeille, où je manday mon Frere de
Pranthome de fe trouver, ce quil feift,
& conferafmes avec le-dit Capitaine la
Salle du tout; & fufmes d'Advis, que
le-dit Lieutenant fe trouveroit à Archiac & mon-dit Frere auffi, pour communiquer entre eux toutes Chofes,
avant que parler au-dit Sr. de la Noue
& aux Rochellois.

SUR ce, l'Homme, que mon-dit
Frere avoit envoyé à la Rochelle querir un Paffeport, arriva avec le-dit
Paffeport, & dit quil eftoit befoing
quil sadvançaft de les aller trouver, craignant quil ny trouvaft point le dit Sieur
de la Noue, parce quil avoit deliberé de sen aller en Brouage, & de-là
encore affieger Mortagne.

A ce que je puis entendre, les-dits
Rochellois ont quelque Soupçon fur
le-

le-dit Sr. de la Noue, dont inconti-nent que jauray sçeu des Nouvelles deux, je ne fauldray de vous en adver-tir, ou moy-mesme les vous iray ra-conter, si je ne mene leurs Deputez en Languedoc, & vous rapporteray les Passeports, sils ne sont employez pour cest Effect.

IL vous a pleu aussi menvoyer par ceste Depesche vostre derniere Decla-ration, laquelle javois reçeue il y a-voit plus de huict Jours par la Voye de la Poste de Montlieu, laquelle je fis incontinent publier ; & aux Articles de la Religion-mesme, les Gens de Bien lont reçeue & acceptée, & nen y a encore un seul de ceux qui ma-voient promis qui ayent bougé, mais desirent tous la Paix, fors quelques Pillards qui senrichissent par la Guer-re. Et certes, Sire, je pense, quil y a des Catholiques qui font de mesme. Par-quoy, il est très-necessaire que la Paix se fasse, pour la Conservation de vostre Estat, & Soulagement de vos Subjects.

LE Sr. Mareschal de Montluc ma mandé quil y a eu quatre Senechauf-sées de vostre Duché de Guyenne, comme Quercy, Agenois, Bazadois,

& Limofin, qui le font venus trouver, lefquels luy ont prefenté pour
voftre Service tous les Moyens quils
pourront pour la Guerre. Il ma mandé fi Perigord nen vouloit point eftre?
& que jaffembliffe la Nobleffe à ces
Fins; ce que jay deliberé faire, &
vous affeurer que jay tousjours trouvé ce Pays, tant la Nobleffe que aultres Eftats, fi affectionnez au Service
de Vos Majeftez, que je penfe quils
nen fairont pas moings que les aultres.

IL vous pleut, Sire, mefcripre dernierement touchant ma Compaignie,
de la rellever & remettre, & me honnorer tant de mettre cela à ma Difcré-
tion, dont je vous remercie très-humblement. Mais, voyant que vous eftes
fur le Poinct de faire la Paix, je ne
me mettray point en Defpenfe pour
dreffer ma-dite Compaignie. Et tant
y a, que fi la Paix ne fe fait point,
Sire, je vous diray, que je neftime
rien mes Biens, ne ma Vie, au prix du
Service que je defire vous faire. Il
feroit très-neceffaire, quil y euft une
Compaignie d'Ordonnance en ce Pays
pour efviter les Pilleries que y font
les Ennemis journellement; ce que
je

je ne puis empefcher fans Cavallerie;
& quant aux Gens de Pied, je nen
ay que pour les Garnifons; & fi ne
donnez Moyen en ce Pays davoir des
Forces, je vous affeure que le-dit Pays
sen va perdre, comme jay fouvent
mandé au feu Roy.

Vous adviferez, Sire, ce quil vous
plaift me commander fur tout ce que
deffus, & ferez fervy fidellement.
Sur ce je prieray le Createur, Sire,
vouloir maintenir voftre Grandeur en
Profperité très-longue & heureufe
Vie.

De Perigueux, ce quinziefme de Novembre 1574.

LETTRE LXXIX.

DU SEIGNEUR DE BOURDEILLE AU ROY HENRY III,

envoyée par le Sr. d'Eſtourneau, le 23 de Novembre 1574.

SIRE,

JE vous fis une Depeſche par ung Gentil-Homme qui eſt à moy le quinziefme du preſent, par laquelle je vous fis entendre bien amplement des Affaires de tout ce Pays. Toutesfois, ayant trouvé le Sr. d'Eſtourneau, preſent Porteur, qui sen va trouver le Roy de Navarre ſon Maiſtre, & lequel vous eſt fort fidele & affectionné Serviteur, & qui a eſté employé au Service du feu Roy voſtre Frere, comme la Reyne voſtre Mere pourra teſmoigner; jay bien voulu vous advertir de ce qui a eſté paſſé deſpuis.

CEST que, Dimanche dernier, je fis aſſembler une grande Partie de la

No-

Nobleſſe de ce Pays, l'Egliſe, & le Tiers Eſtat, pour leur faire entendre à tous comment Voſtre Majeſté avoit un grand Contentement de l'Obeyſſance & Servitude quils vous portent, comme il vous a pleu me mander, les priant de par vous de le continuer. A quoy tous enſemble dune Voix mont dit & aſſeuré, quils feront toute leur Vie vos très-humbles & très-obeyſſants Serviteurs & Subjects juſques à la derniere Goutte de leur Sang. Vous aſſeurant, que je les ay tousjours trouvez tels, & principalement la Nobleſſe. Et ſi jeuſſe eu une Compaignie de Gens d'Armes de vos Ordonnances icy avec la Nobleſſe, les Ennemis neuſſent pas mangé ni pillé voſtre pouvre Peuple ainſin comme ils font.

Car, vous ſçavez, Sire, que ceſte Nobleſſe, qui marche pour ſon Plaiſir, ne peut longuement tenir enſemble. Et quand les Ennemis voyent que je les ay aſſemblez, & que je ſuis preſt à me mettre en Campaigne, ils ſe retirent en leurs Forts, voyant bien que je nay Artillerie ny Moyens pour les en tirer. Qui eſt la Cauſe, que je naſſemble point ſi ſouvent la Nobleſſe, pour eſtre voſtre pouvre Peuple aſſez

man-

mangé dailleurs. Et fi vous euffiez envoyé icy une Compaignie de vos-dites Ordonnances, elle euft obvié à toutes ces Pilleries. Vous affeurant, que, Sabmedy dernier, Langoyran, avec deux cents Chevaulx sen vint à deux Lieues dicy prendre & lever les Contributions quil a impofées fur les Paroiffes à huict Lieues autour de Bergerac, & contraint le pouvre Peuple de payer, aultrement brufle les Maifons de ceux qui font Refus, & fait emmener les Bœufs & aultres Beftails quils peuvent trouver. Tellement que fi Voftre Majefté ny met Ordre, tout ce Pays sen va à leur Devotion : & le tout par Faulte de navoir mis icy une Compaignie. Et certes, Sire, Bergerac vous eft de plus grande Confequence que vous ne penfez ; & font Eftat, que, bien que la Paix fe faffe, cela leur demeurera.

Jay auffi remonftré aux-dits Eftats comment les aultres Senefchauffées de la Guyenne fe font prefentées pour faire tout ce quil plaira au Sr. Marefchal de Montluc leur commander pour voftre Service. Ils mont accordé en faire de mefmes, comme il plaira à Voftre Majefté voir par le Procès ver-

verbal fur ce Faict que je vous envoye.
Auffi la Commiffion des trois Enfeignes de Gens de Pied eftablies pour
la Garde du Pays, quil a pleu à la
Reyne voftre Mere menvoyer pour
lever le Payement fur le prefent Pays,
fera expirée au dernier du Mois prochain. Sil vous plaift continuer la-
dite Commiffion, je fupplie Vos Majeftez men envoyer une aultre, ou
Moyen pour les payer dailleurs, & y
adjoufter trois cents Livres par Mois
pour mon Entretenement, ou de celuy
qui demeurera en mon Lieu durant mon
Abfence. Et, en ce faifant, le-dit Sr. de
la Saux aura Moyen de fe tenir icy,
& de vous y fervir fidellement ; car
le Sieur de Borie la eu de mefme.

DAVANTAGE , Sire, Monfieur de
Montpencier a envoyé une Commiffion
aux Efleus du prefent Pays , pour
cothifer fur ycelle cinquante Mulets &
trois cents Pyonniers pour fon Armée.
Jay envoyé devers luy , pour remonftrer la Pouvreté du-dit Pays ; & il
nous a rabaiffé le tout à fept mille Livres. Mais, voyant que le Sr. Marefchal de Montluc a deliberé de fe mettre en Campaigne en brief pour venir
faire la Guerre en ce Pays , je luy ay

K 4

efcript

efcript & remonftré, que la-dite Somme de fept mille Livres feroit fort neceffaire pour l'Entretenement de fon Armée au-dit Pays, & luy prie d'efcripre à Monfieur de Montpencier de ne prendre point la-dite Somme, veu que cela luy pouvoit fervir, comme je luy en ay auffi efcript de mefme. Toutesfois, il nous a fait Refponfe, quil eftoit neceffaire quil euft la-dite Somme pour fecourir fon Armée. Et me femble fur cela, Sire, quil eft raifonnable que ces Deniers demeurent pour le Secours de ce pouvre Pays : car, le Scindic ne fouffrira pas quil foyent employés à aultres Fins quau Profit & Utilité du Pays, comme il luy a efté commandé par les Eftats, fi-non quil en ayt Commandement de vous, ainfin que vous pourrez voir par ledit Procès verbal.

Et quant à ce quil vous a pleu me commander touchant l'Affaire du Lieutenant de Poiétou, je vous mandis par ma derniere ce que mon Frere & moy en avions faiét. Defpuis le-dit Lieutenant ma efcript, & pareillement le Sr. de Plaffac, quil eftoit très-neceffaire que jalliffe à Archiac, là-où nous pourrions amplement difcourir

de

de ce Faict enfemble. Mais , jadvifay
quil valoit mieulx dattendre ; ce que
mon Frere auroit fait avec le Sr. de
la Noue & les Rochellois, & que Langoyran eftoit en Campaigne de par deça & auffi les Xaintongeois de leur
Coufté, qui fut Caufe que jenvoyay
devers eux le Sr. de Montaneys ,
Homme d'Entendement, pour fçavoir
ce quils me vouloyent dire , & quils
faifoient de par de - là. Incontinent
quil fera venu, sil y a Chofe digne de
vous mander , je ne fauldray vous en
advertir.

Les Ennemis ne fe font point eflevez en ce Pays plus que de Couftume ,
encores que le Sr. Marefchal Damp-
ville foit declaré. Je ne fçay sils attendent fa Refponfe après l'Affemblée
quil fait à Nifmes au Vingt-cinquief-
me du prefent , comme il mande à
tous ceux de la Religion , lefquels y
font allez.

Aussi, Sire, du Temps du feu Roy
voftre Frere, il avoit declipfé l'Eftat
du Juge Criminel davecques le Civil ,
pour le donner à un nommé la Borie,
lequel Eftat le Juge-image de cefte Ville avoit, il y a trente Ans , qui eft
Gentil-Homme , Homme de Bien

& d'Honneur, & bien affectionné à voftre Service; &, le cognoiffant tel je lay retenu pour mon Confeil aux Affaires de voftre dit Service, duquel je me fuis fort bien trouvé. La Reyne voftre Mere luy avoit mandé, & audit la Borie, de laller trouver avec toutes leurs Pieces, pour, ycelles veues, & eux ouys, leur faire Juftice. Le-dit Juge-mage y vouloit aller: mais, je lay retenu jufqu'à ce que je yray avec les Deputez de Languedoc, ou bien je le meneray avec moy à la Cour. Il vous plaira efcripre au-dit la Borie, quil ne faille point de y venir, & apporter fefdites Pieces, lefquelles vous verrez, pour leur faire Raifon.

VOILA' tout ce qui fe paffe en ce Pays pour le prefent. Sur ce je prieray le Createur, Sire, maintenir voftre Grandeur en toute Profperité heureufe, & très-longue Vie.

De Perigueux, ce xxiij Novembre 1547.

* * * *
* * * *
* *
*

LETTRE LXXX.

DU SEIGNEUR DE BOURDEILLE A LA REYNE-MERE,

escripte le 23. de Novembre 1574.

MADAME,

Le Sr. d'Eftourneau , (que vous cognoiffez fort bien, ayant efté en plufieurs Lieux par voftre Commandement & pour le Service du Roy , lequel vous avez trouvé fidele , & le fera tousjours comme je le cognois,) s'en va fervir fon Quartier en la Maifon du Roy de Navarre. Je nay voulu faillir defcripre par luy au Roy bien amplement des Affaires de ce Pays, & auffi à vous, ainfin que pourrez voir par la Lettre que jefcrips à Sa Majefté

MADAME, il y a quelque temps que je vous efcripvis comment vous aviez eclipfé l'Eftat du Juge Criminel au Juge-mage de cefte Ville, par faux Rapports, bien quil leuft trente Ans y a.

Et dautant que le-dit Juge-mage eſt Gentil-Homme, layant trouvé Homme de Bien, & fort affectionné au Service de Vos Majeſtez, je lay retenu icy pour mon Conſeil, & me trouve fort bien de luy. Si je vays en Languedoc, je le mene-ray avec moy, & auſſi à la Cour, là-où il vous fera entendre bien amplement ſon Faict. Il saſſeure tant de la Bonté de Vos Majeſtez, queſtant ouy vous luy ferez rendre ſon Eſtat. Je vous ſupplieray très-humblement, Madame, que cependant il naye point de Dommage, & que le Temps ne court davoir Confirmation de ſon-dit Eſtat, ſelon les Edicts que le Roy a faits touchant la Confirmation des Offices. Le Sr. d'Eſtourneau vous fera entendre plus amplement le Faict du-dit Juge-mage.

Auſſy vous me mandez, que vous avez donné au Capitaine la Salle deux cents Eſcus, & que je prenne de-là les cinquante que je luy ay preſtez; ce que je nay point voulu faire, & ne les luy ay point demandez, pour ce que vous avez encore Affaire de luy. Jattendray bien encore cette Somme avecques daultres que jay employées pour le Service de Vos Majeſtez, eſ-

pe-

perant par voſtre Moyen eſtre payé.

SUR ce, je prieray, Madame, le Createur, quil veuille maintenir voſtre Authorité & Grandeur en toute Proſperité très heureuſe & longue Vie.

De Perigueux, le xxiij Novembre 1574.

LETTRE LXXXI.

DU SEIGNEUR DE BOURDEILLE AU ROY HENRY III,

envoyée par le Capitaine la Salle, le 10 Decembre 1574.

SIRE,

JE vous avois eſcript bien amplement par le Sr. d'Eſtourneau de toutes Choſes qui ſe paſſoient en mon Gouvernement, & entre aultres de la Negociation que maviez commandé faire avec le Lieutenant de Poictou.

APRE's que le Sr. de Montaneys fut retourné de Pons, où je lavois

K 7   en-

envoyé devers le Sr. de Plaſſac & aultres de la Religion ; eſtant auſſi mon
Frere de Branthome de Retour ; ayant
entendu par eux deux ce quils avoyent
fait de par de-là ; ſur ces Entrefaictes
les Srs. de Myrambeau, de Plaſſac, &
Lieutenant de Poictou, mont eſcript &
envoyé le Capitaine la Salle, pour me
prier de macheminer juſques à Pons,
affin de parler à eux , & que je y
trouverois le Sieur de la Noue. Quoy
voyant, jentreprins de faire ce Voyage : & les ayant trouvez à Pons,
avec pluſieurs aultres Gentils-Hommes de leur Faction , je leur fis
entendre ce quil vous avoit pleu me
mander par le-dit la Salle , & comment vous maviez mandé deſpuis que
deſiriez la Paix le plus du Monde , &
que jamais vous ne ſeriez à voſtre
Ayſe, quelle ne fuſt faicte. Sur-quoy
ils mont reſpondu , quils ne deſiroient
aultre Choſe que la-dite Paix , & vous
demeurer très - obeyſſants Subjects &
Serviteurs , & mont dit beaucoup
daultres Choſes, que je leur ay prié
me donner par eſcript; ce quils ont
fait, comme je vous envoye un Dou-
ble. A ce que je puis voir , ils deſi-
rent fort une Abſtinence de Guerre ,

tant

tant pour Lusignan, que pour les aultres Pays, où le-dit Sr. de la Noue
commande. Je leur ay respondu, que
Vostre Majesté faisoit beaucoup pour
eux de leur presenter l'Abstinence
par-tout excepté à Lusignan, veu la
Despense que vous y aviez faicte &
que vostre Armée y estoit toute preste.

Ils m'ont aussi dit, quils veulent avoir
Exercice de leur Religion. Mais, je
leur ay respondu, que je navois point
Charge de resouldre rien en cela. Bien
leur ai-je dit, que je masseurois tant
de vostre grande Bonté, que sils y
alloient avec l'Obeyssance que tous
Subjects doivent à un tel & si bon
Roy, ils cognoistront que vous oblye-
rez le Passé, & que leur donnerez ce
que leur sera necessaire; & sils me
vouloient donner lung deux pour venir avec moy devers Vos Majestez,
ils trouveroient que ce que je leur ay
dit, seroit veritable. Je nay pu avoir
deux aultre Resolution, si-non ce que
je vous envoye par escripts.

Ayant bien cognu à leur parler,
quils vouloient que le-dit Lieutenant
de Poictou allist devers Vostre Majesté, pour vous faire entendre bien amplement toutes Choses, il ma semblé
que

que le-dit Lieutenant eſtoit ſuffiſant pour ce faire, & que par luy je vous eſcriprois bien amplement leur bonne Volunté, & le bon Recueil que jay eu deux, dautant que je vois que le-dit Lieutenant marche de bon Pied, maſſeurant quil vous dira bien fidellement toutes Choſes, & vous aſſeurera quil vous eſt fidele Serviteur. A ce que je puis cognoiſtre, Sire, le-dit Sr. de la Noue & luy saccordent bien, & ſont bien affectionnez à voſtre Service, deſirant fort la Paix à voſtre Contentement.

Jay parlé au-dit Sr. de la Noue particulierement, lequel ma prié de vous mander, que vous le trouveriez tousjours voſtre fidele Subject & Serviteur, pour l'Obligation quil a en vous, oultre ce que vous eſtes ſon Roy; & quil eſt bien marry de ce quil ne peut vous aller trouver, parce que les aultres ne le veulent permettre que premierement la Trefve ne ſoit faicte: & layant faicte, il vous faira cognoiſtre en ceſte Negociation de Paix combien il vous eſt humble Serviteur. Par-quoy il me ſemble quil ſeroit très-neceſſaire, que le-dit Sieur de la Noue fuſt en ceſte Negociation de Paix avec

ceux

ceux de Languedoc, veu quil est Homme pacifique, desirant le Repos de voftre Estat, & daultre Part, Sire, tous ont une grande Creance en luy. Et ne fault pas oblyer, que le-dit Lieutenant foit du Party ; car, il vous y fervira beaucoup.

VOILA tout ce qui seft paffé touchant cefte Negociation, & ce que jy ay pu faire. Vous avez auffi Pardeilhan qui y eftoit, lequel vous eft fort fidele Serviteur, & Homme de Raifon. Sil plaift à Voftre Majefté que la Trefve fe faffe, je vous fupplie très-humblement, que ce foit bientoft, afin quon faffe la Paix : & par ce Moyen, vous foulagerez grandement vos pouvres Subjects.

LES Srs. de Myrambeau, de Plaffac, de Monguyon, & beaucoup daultres Gentils Hommes, mont dict, quil vous a pleu envoyer des Lettres Patentes par deux fois, pour faire fortir le Medecin Lamoureux de Xainctes, & quon na pas voulu obeyr à vos Commandemens. Ils vous fupplient très-humblement de commander encore ung coup quil forte, & je vous en fais très humble Requefte en leur Faveur.

JE

JE men retourne demain en ma Seneschaussée, où jattendray vos Commandemens ; & sil y a Chose digne de vous escripre, je ne fauldray vous en advertir. Sur ce, je prieray le Createur, Sire, quil veuille maintenir voftre Authorité & Grandeur en toute Profperité très-longue & heureufe Vie.

D'Archiac, le **x.** de Decembre 1574.

LETTRE LXXXII.

DU SEIGNEUR DE BOURDEILLE, A LA REYNE-MERE,

envoyée par le Capitaine la Salle, le 10 Decembre 1574.

MADAME,

Vous entendrez bien amplement ce que jay pu faire à la Negociation de la Paix, par la Lettre que jefcrips au Roy, comme il luy avoit pleu & à vous me commmander,

avec-

avecques le Lieutenant de Poictou; vous asseurant, que je vois vos Subjects de toute Part en bonne Deliberation de y entendre. Par-quoy, Madame, il me semble, que le plustost quelle se pourra faire, sera pour le mieulx au Profit de vos pouvres Subjects & pour le Repos de Vos Majestez.

Jay bien asseuré ceux de la Religion, que vous sollicitiez le Roy vostre Fils tant quil vous est possible de faire la Paix: & trouve le dit Lieutenant fort affectionné à vostre Service, & marche de bon Pied. Il vous fera entendre bien amplement & fidellement ce qui est passé entre nous à la-dite Negociation.

Je me retire en ma Seneschauffée où jattendray vos Commandemens, ausquels jobeyray toute ma Vie fort fidellement. Sur ce je prieray le Createur, Madame, vous maintenir vostre Grandeur en toute Prosperité très-heureuse & longue Vie.

De Perigueux, ce x. de Decembre 1574.

❦❦❦❦❦❦❦❦❦❦❦❦❦❦❦❦❦❦

LETTRE LXXXIII.

DU SEIGNEUR DE BOURDEILLE AU DUC D'ALENÇON,

escripte le 23 de Novembre 1573.

MONSEIGNEUR,

JAY reçeu la Lettre quil vous a pleu mescripre par le Sr. du Breulh, & entendu le Bien quil vous avoit pleu me faire de l'Evesché d'Avranche, sil fust esté mort. Mon Frere de Branthome ma confirmé la bonne Volunté & Affection que vous me portez, desirant me faire du Bien, dont je vous remercie très-humblement; vous suppliant de la continuer, & vous asseurant, que vous ne ferez jamais Bien à Serviteur, qui le despende de meilleur Cœur pour vostre Service que moy, & qui mette mieulx sa Vie en Hazard pour obeyr à vos Commandemens : esperant ne mourir jamais, que premierement je ne vous

fasse

fasse ung bon Service en quelque Endroict.

MONSEIGNEUR, après que vous
eustes donné une Abbaye à Monsieur
d'Estrées, il vous pleust me donner
une petite Abbaye quil avoit de quinze ou seize cents Livres de Rente,
en attendant une meilleure, comme je
le mandis à ma Sœur, & vous en escripvis, vous remerciant très-humblement
du Bien que vous me faisiez. Mais,
despuis jay entendu, que vous me
laviez ostée pour la donner à Bon-
ney, & dites au-dit Sr. du Breulh,
que ma Sœur vous avoit dit que je
nen voulois point; ce que je nay jamais pensé, & ne refuseray de ma
Vie Chose venant dung si bon Maistre
que jay, estimant beaucoup le Bien
que me faites en mon Absence de
ceste Façon, puisque le peu de Service que je vous fais, vous est agreable,
me donnant par-là à cognoistre combien vous maymez & estimez. Par-
quoy, Monseigneur, je vous supplieray très-humblement de me laisser la-
dite Abbaye ; & ne favoriser point
un Joueur de Luc plus que moy. En
ce faisant, vous ferez cognoistre ce
quon pense & estime de vous : cest
que

que vous honnorez la Vertu, & les Gens de Bien & de Maison. Toutesfois, Monseigneur, si vostre Volunté est telle, non pas de cela seulement, mais du mien propre, vous pouvez disposer comme il vous plaira. Car, je mestimeray tousjours très-heureux davoir quelque chose qui vous soit agréable dautant que je ne suis desdié à aultre quà vous, esperant le vous dire en bref.

Sur ce, je prieray le Createur, Monseigneur, quil veuille maintenir vostre Grandeur en toute Prosperité heureuse & très longue Vie.

De Perigueux, ce xxiij. de Novembre 1574.

LETTRE LXXXIV.

DU SEIGNEUR DE BOURDEILLE AU ROY HENRY III,

envoyée par la Buſſiere le 25 de' Decembre 1574.

SIRE,

VOUS aurez entendu par le Lieutenant de Poiĉtou ce que jay fait à Pons avec le Sr. de la Noue & aultres de la Religion. Deſpuis, eſtant de Retour les trois Compaignies, qui cy-devant ont eſté ordonnées pour la Garde de ce Pays, me ſont venues demander de l'Argent, à quoy je nay pu ſatisfaire, dautant que les trois Mois portez par la Commiſſion ſont expirez, & nay plus de Pouvoir de les entretenir, ſil ne plaiſt à Voſtre Majeſté la renouveller, & ordonner que les-dites trois Compaignies ſeront renouvellées & continuées en leurs Garniſons, & payées ſur le Pays, comme elles

avoient

avoient accouftumé. Pour ceft Effect, jenvoye ce Gentil-Homme, prefent Porteur pour vous remonftrer ce qui peut concerner l'Eftat du-dit Pays; & par ycelluy je vous fupplie très-humblement me mander voftre Volunté. Car, de laiffer les Places defnuées de Gens, ce font autant de Pays gagnez à vos Ennemis.

Auss1, Sire, je vous ay cy-devant adverty, comment ayant affemblé la Nobleffe, pour pouvoir remedier aux Courfes que les Ennemis font journellement, ils adviferent quil eftoit neceffaire de faire cent Chevaulx legiers, & les payer des fept mille Livres, qui fe trouvoient impofées fur le Pays par Ordonnance & Commandement de Mr. de Montpencier, pour fubvenir à fon Armée. Mais, dautant que defpuis le-dit Sieur a envoyé querir ce qui refte de la-dite Somme, ce Moyen nous a defailly, & ne pouvons entretenir les-dits Chevaulx-legiers; de façon que nous fommes contraints laiffer manger le pouvre Peuple à Faulte de Cavallerie, sil ne plaift à Voftre Majefté ordonner quils feront payez des Deniers cy-devant levez fur les Villes clofes & gros Bourgs de ce
Pays;

Pays : defquels Deniers vous auriez commandé deftre pris par le Sr. de Loffe ce que feroit neceffaire pour l'Entretenement de fes Gens de Guerre, dont il na encore rien prins ; & doivent eftre lefdits Deniers entre les Mains de Canofte, Recepveur general. Nous ne voyons aultre Moyen, sil ne vous plaift le nous donner fur aultre Nature de Deniers. Nous vous fupplions très-humblement ne nous plus remettre au Marefchal de Montluc : parce quil ma efcript quil ne pourvoyeroit à rien en ce Pays , quil nen euft Refponfe des Remonftrances quil vous a envoyé faire touchant fon Gouvernement à raifon de ce que luy avez ofté le Commandement fur Monfieur de la Valette.

Aussi, Sire, vos Officiers ne veulent plus proceder à aulcune Cothifation des Deniers, fans expreffes Lettres Patentes de vous, parce que puis naguieres voftre Cour de Parlement de Bourdeaux leur a inhibé, à Peine de Privation de leurs Offices , pour beaucoup d'Abus & Fautes qui sy font commifes, encore quils euffent Commiffions & Commandemens de vos Lieutenans Generaux.

QUANT

QUANT à moy, Sire, après que jauray eu Response sur le Faict du Lieutenant de Poictou, jay deliberé vous aller trouver, comme il vous a pleu me commander, & despendre le Reste de mes Moyens à vous faire très-humble Service près voftre Personne, & de Monsieur, voftre Frere, mon bon Maiftre, ne pouvant plus voir ruyner ce pouvre Pays, sans avoir Moyen de vous y faire quelque Service, comme jay toute ma Vie desiré.

ET pour cet Effect, vivant le feu Roy voftre Frere, les Ennemis seftant faiiis de deux Places fortes près cefte Ville, nommées les Chafteaux de la Chapelle & de Wert, je fis affembler tant de Gens de Guerre que je pus, avec l'Ayde defquels je remis lefdites Places en fon Obeyffance, où je fis quelque petite Defpenfe, que je vous fupplie très-humblement faire voir à voftre Conseil, & moctroyer Commiffion den eftre payé fur ce Pays, veu que ce a efté faict au grand Profit & Utilité dycelluy, comme cognoiftrez par le Procès verbal & Eftat fur ce faict, lequel je vous envoye.

JAY bien voulu auffi advertir Voftre Majefté, comment le Capitaine qui a
com-

commandé en voftre Ville de Domme ,
nommé la Roque , ayant fçeu que ceux
qui tenoient le Chafteau de Montfort
eftoient fortis, les alla attaquer & les
deffit tous ; & , voyant quil nen eftoit
que refté bien petit Nombre dans le-
dit Montfort, advertit le Sr. de Puymartin qui commande à Sarlac, & tous
enfemble ont remis le-dit Chafteau
en voftre Obeyffance , & lont mis entre les Mains de Mr. de Tharene à
qui il appartient, qui y vint en Perfonne, & a mis dedans ung Gentil-
Homme Catholique & trente Soldats ,
foubs la Promeffe quil a faite au-dit
Sieur de Puymartin de garder & conferver le-dit Chafteau foubs voftre
Obeyffance. Je vous affeure que le-dit
Sr. de Puymartin a fi bien fait en ce
Pays de Sarladois , que les Ennemis ny
tiennent plus quuung petit Fort appellé
St. Quentin, de cinq ou fix Places
quils y avoient à leur Devotion. Je
fouhaiterois bien quil pleuft à Voftre
Majefté le gratifier par une Lettre ,
affin quil continuaft fa bonne Affection.
De ma Part, je la favorife de tout les
Moyens que je puis , parce que ceft ma
Sen efchauffée.

JAY pareillement efté adverty com-

ment

ment le Gouverneur de Dax & de St.
Seré ont tué vingt-cinq ou trente Gentils-Hommes au Pays de Chaloffe, qui
portoient les Armes contre Voftre
Majefté.

DAVANTAGE, Sire, jay reçeu vos
Lettres du onziefme de Novembre,
avec vos Patentes pour me charger
du Chafteau d'Aubeterre, & aultres
Lettres pour la Defcharge du Sr. de
Chamberlanne, lequel ma mandé quil
eft preft dobeyr à vos Commandemens,
pourveu quil foit payé du Temps quil
y a demeuré. Et, entre autres Chofes, je croy que ceft la principale
Difficulté que le-dit Chafteau ne me
foit delivré, comme pourrez cognoiftre par les Lettres que le-dit Chamberlanne vous efcript. A cefte Caufe,
il vous plaira menvoyer Commiffion
neceffaire pour impofer, cothifer, &
lever les Deniers, tant pour les Arrairages de la Garnifon au-dit Sr. de
Chamberlanne, que pour le Payement
& Solde de la Garnifon à advenir, felon les Mémoires que jen ay cy-devant envoyez.

ET sil plaift à Voftre Majefté de me
commander voftre Volunté fur-tout ce
que deffus, je mettray tousjours Peine

ne de l'executer fidellement, & dauffi
grande Affection que je prie le Createur, Sire, vouloir maintenir voftre
Grandeur & Authorité en toute Profperité très-heureufe & longue Vie.

De Perigueux, le xxv. de Decembre 1574.

LETTRE LXXXV.

DU SEIGNEUR DE BOURDEILLE A LA REYNE-MERE,

*envoyée par le Sr. de la Buffiere,
le 25 de Novembre 1574.*

MADAME,

ESTANT à Pons, où il avoit pleu à
la Majefté du Roy me commander
daller, je trouvay Monfieur le Prefident de Large-Bafton, lequel me dit,
que les Occafions, qui lont contraint
deftre-là, font les faux Rapports qui
vous ont efté faicts de luy. Toutesfois, il fe fie tant en voftre Bonté ,
quil efpere eftre reçeu en fes juftifica-

L 3 tions

tions. Il ma prié de vous supplier
trés-humblement, comme je fais, Madame, quil plaise à Voftre Majefté de
louyr, afin quil vous fasse cognoiftre quil
eft Homme de Bien. Il vous efcript
bien amplement, comme vous pourrez
voir par fes Lettres, lefquelles je vous
envoye.

Jescrips auffi à Sa Majefté des Affaires de ce Pays, & de ce que jay
apprins depuis que je fuis revenu de
Xainctonge; vous affeurant, Madame,
quil eft très-neceffaire de y remedier
bientoft : aultrement, les Affaires
du-dit Pays fe porteront fort mal. Il
vous plaira advifer ce quon y doibt
faire. Et fur ce je prierai le Createur, Madame, qu'il vous veuille
maintenir voftre Grandeur en toute
Profperité très-longue & heureufe
Vie.

De Perigueux, ce xxv. de Decembre
1574.

LETTRE LXXXVI.

DU SEIGNEUR DE BOURDEILLE
AU DUC D'ALENÇON,

*envoyée par le Sr. de la Buſſiere, le
25 de Decembre 1574.*

MONSEIGNEUR,

IL avoit pleu au Roy voſtre Frere
de me mander daller en Xainctonge
parler avecques Meſſieurs de la Noue,
de Myrambeau, & aultres Gentils-
Hommes de la Religion, touchant la
Paix, leſquels jay trouvez à Pons en
bonne Deliberation dy entendre; &,
sil vous plaiſoit y mettre la Main, je
vois quelle en feroit plus durable &
pluſtoſt faicte: & vous aſſeure, Monſeigneur, que ſi le Roy ny met Ordre bientoſt, je vois la Couronne de
France fort baſſe, & le pouvre Peuple fort mangé. Et dautant que
après le Roy voſtre Frere, vous y avez
plus d'Intereſts que tout aultre, il me
ſemble, quil eſt très-neceſſaire que

L 4 vous

vous y mettiez la Main à bon Efcient. Et fi javois l'Honneur deftre auprès de vous, je vous dirois des Raifons que vous cognoiftriez ce que je dis eftre veritable, & que je vous le dis en fidele Serviteur tel que je fuis & feray toute ma Vie; vous fuppliant très-humblement, Monfeigneur, de le croire, & de me pardonner fi je parle fi librement en voftre Endroict. Auffi je vous ay bien voulu efcripre comment il y a long-temps que vous avez retenu Monfieur de Perigueux pour ung de vos Aumofniers, luy promettant de le mettre en voftre Eftat : &, parce que ceft ung Homme de Bien, d'Honneur, bien vivant, ayant les Moyens de vous faire Service, je vous fupplie très-humblement de ly mettre; &, en ce faifant vous nous obligeriez tous deux de prier Dieu, Monfeigneur, de vouloir maintenir voftre Grandeur en toute profperité très-heureufe & longue Vie.

De Perigueux, ce 25 de Decembre 1574.

LET-

LETTRE LXXXVII.

DU ROY HENRY III. AU SEIGNEUR DE BOURDEILLE,

escripte le 11 *de Novembre* 1574.

M^R. DE BOURDEILLE,

SUIVANT ce que mavez escript par vostre Lettre du trentiesme Octobre, je vous envoye mes Lettres Patentes, pour recepvoir en vos Mains le Chasteau d'Aubeterre, y commander, & men demeurer responsable : comme aussy jay fait expedier aultres Lettres Patentes pour la Descharge du Sr. de Chamberlanne, & luy escrips quil ne faille dobeyr à ma dite Intention, comme je masseure il ne faira. Jen donne aussi Advis, tant au Sr. de Ruffec, quà la Viscomtesse d'Aubeterre.

AU DEMEURANT, je vous diray, que je suis entierement bien content & satisfait de vous & du bon & grand

L 5   De-

Devoir que vous faites par de-là pour mon Service ; vous asseurant bien, que, aux Occasions, vous cognoiftrez les Effects de ma bonne Volunté. Je vous prie continuer d'advertir mon Couſin le Mareſchal de Montluc de ce qui ſe paſſera, & que Noſtre Seigneur vous aye, Monſieur de Bourdeille, en ſa ſaincte & digne Garde.

Eſcript à Lyon, le xj. Jour de Novembre 1574.

Signé HENRY.

Et plus bas, DE NEUFVILLE.

LETTRE LXXXVIII.

DU ROY HENRY III. AU SEIGNEUR DE BOURDEILLE,

escripte le 20 de Decembre 1574, & reçeue le 12 de Janvier 1575.

M^R. DE BOURDEILLE,

JAY reçeu vos Lettres des quinziefme & vingt-troifiefme du Mois paffé, par lefquelles vous me reprefentez très-bien l'Eftat des Affaires du Pays, dont jay reçeu grand Contentement; mefmes que je me fuis bien apperçeu, que sil y a quelque Chofe de bien, vous y eftes quafi le principal Autheur & la Caufe, & que vous poftpofez toute aultre Chofe à mon Service. Vos-dites Lettres font fi amples & particulieres, quelles me font voir cler aufdites Affaires de de-là. Je trouve fort bon, quayez adverty de tout mon Coufin le Marefchal de Montluc comme je vous avois mandé.

L 6   QUANT

QUANT à l'Ellection quavez faite du Sr. de la Saux, qui a esté Lieutenant de voître Compaignie, pour demeurer & commander à Perigueux durant voître Abfence, je veux maffeurer, (puifque men rendez fi bon Tefmoignage, & quil eft fi bon au Pays,) quil eft ung Homme de Bien, & par ce fuis bien content quil faffe cefte Charge fuivant une Lettre particuliere que je luy en efcrips prefentement, & aux Officiers & Habitans de la-dite Ville quils luy obéyffent : & me femble que ma-dite Lettre fuffira fans aultre Commiffion.

JE fçay fort bon Gré à ceux de la Nobleffe deftre fi affectionnez à mon Service comme vous me les reprefentez. Je vous prie les conforter tousjours & maintenir en cefte bonne Volunté, & les affeurer de la mienne, très-difpofée & affectionnée à les recognoiftre aux Occafions.

JAY fait renouveller la Commiffion pour le Payement des trois Compaignies des Gens de Pied pour quatre Mois, & ay fait comprendre voître Entretenement, ou de celuy qui commandera en voître Abfence, à Raifon de deux cents Livres par Mois,

&

& la vous envoye prefentement. Quant à ces Mulets & la Partie que demande mon Coufin le Duc de Montpencier, vous pouvez eftimer, quil a efté à ce forcé par grandes & neceffaires Occafions; car, il eft befoing que fon Armée foit pourveue. Toutesfois, je luy mande , que , sil sen pouvoit paffer, cela ferviroit bien ailleurs , ainfi que mefcripvez : & vous affeure, que je defirerois bien que mon-dit Coufin fuft fatisfait.

VOYLA' ce que vous puis dire en Refponfe de vos Lettres : priant Dieu, quil vous ayt , Monfieur de Bourdeille en fa Garde fainéte.

Efcript en Avignon, le xx. Jour de Decembre 1574.

JE défire que vous envoyiez à mon-dit Coufin le Duc de Montpencier la-dite Partie de fept mille Francs, ou bien des Mulets.; & partant je vous prie quils foient delivrez à celluy quil y envoyera pour les prendre , fans quil y foit faiét aulcune Difficulté.

Signé HENRY.

Et plus bas, DE NEUFVILLE,

L 7   LET-

LETTRE LXXXIX.

DE LA REYNE-MERE AU SEIGNEUR DE BOURDEILLE,

escripte le 20 de Decembre 1574, & reçeue le 12 de Janvier 1575.

M^R. DE BOURDEILLE,

JEMPLOYERAY pour Responses aux Lettres que mavez escriptes celles du Roy Monsieur mon Fils, par lesquelles serez bien amplement instruict de son Intention : & pour mon Regard vous diray seulement, que comme je cognois le-dit Sieur Roy mon Fils estre très-disposé dembrasser & favoriser ceux qui luy font bon & utile Service, comme vous, aussi je seray fort ayse de le seconder & assister en ceste sienne bonne Volunté, & particulierement envers vous. Priant Dieu quil vous

vous ayt, Monsieur de Bourdeille, en sa saincte Garde.

Escript en Avignon, le xx. Jour de Decembre 1574.

Signé CATHERINE.

Et plus bas, DE NEUFVILLE.

LETTRE XC.

DU SEIGNEUR DE BOURDEILLE AU ROY HENRY III,

envoyée par Guillaume, le 15 *de Janvier* 1575.

S I R E,

Le Sr. de Rastigniac me vint trouver il y a huict Jours, & me fit entendre le grand Contentement & bonne Chere quil a reçeus de Vostre Majesté, questoit de le remettre en ses Biens, & luy confirmer l'Abbaye de la Chastre, quil vous avoit pleu luy

faire

faire donner au feu Roy voſtre Frere: & cejourd'huy il meſt venu dire comment il a eſté donné ung Arreſt au grand Conſeil, confirmant ycelluy des Grands Jours, qui eſt de perdre leurs Vies & Biens, & auſſi que vous avez revoqué la-dite Abbaye de la Chaſtre, laquelle vous luy aviez confirmée; eſtant par ce Moyen au Deſeſpoir, & le plus faſché du Monde : tellement, quil ne fauldroit beaucoup le picquer à luy faire faire encores le Fol, & ſuivre les aultres qui le veulent faire. Je luy ay dit & aſſeuré de voſtre Part, que vous nentendiez point de rompre voſtre Promeſſe & Parole, & que vous eſtiez Roy veritable; & que je maſſeurois tant de voſtre Bonté, que vous luy tiendriez Promeſſe : & ay tant fait, que je lay rapaiſé, & luy ay promis de vous en advertir incontinent, ce que je fais.

Et dautant quil a tousjours eſté bon & fidele Serviteur de voſtre Couronne ; meſme, que du vivant du feu Roy voſtre Frere, il na jamais failly, quand je lay mandé pour ſon Service, de me venir trouver, ayant tousjours avecques luy trente ou quarante bons Chevaulx, comme jay mandé au feu
Roy

Roy, ainſi que la Reyne voſtre Mere vous le teſmoignera; & cognoiſſant quil eſt Homme de Service, ayant Moyen pour vous en faire; je ne craindray point à vous ſupplier très-humblement luy vouloir continuer les Dons que vous luy avez faits. Et ce luy ac-croiſtra de plus en plus la bonne Vo-lunté & Affection quil a à voſtre Ser-vice.

JESPERE envoyer ung de ces Jours ung Gentil-Homme devers Voſtre Ma-jeſté pour vous faire entendre plus amplement ſon Faiċt. Cependant il vous plaira de luy eſcripre, & laſſeu-rer que vous voulez tenir voſtre Pa-role. Et ſur ce, je prieray le Crea-teur, Sire, maintenir voſtre Gran-deur en toute Proſperité très - heureu-ſe & très-longue Vie.

De Perigueux, ce xv. de Janvier 1575.

LETTRE XCI.

DU SEIGNEUR DE BOURDEILLE A LA REYNE-MERE,

escripte le 15 de Janvier 1575.

MADAME,

Vous sçavez que, du Temps du feu Roy voltre Fils, je vous ay escript plusieurs fois le bon Devoir que faisoient les Srs. de Raftigniac au Service de Vos Majeltez, desquels jen avois tousjours trente ou quarante Chevaulx pour my secourir toutes les fois que je leur ay mandé : & aussi en ma Faveur luy aviez continué le Don de l'Abbaye de la Chaftre, qui elt une Abbaye qui ne vault pas huiĉt ou neuf cens Francs ; laquelle despuis le Roy luy a confirmée, & ycelle despuis redonnée à ung aultre, comme vous pourrez voir par les Lettres que jescrips

crips à Sa Majesté. Et recognoissant quil va de si bonne Affection au Service de Vos Majestez, je vous supplieray très-humblement, Madame, luy tenir la Main, affin que le Roy, en vostre Faveur, luy continue le Don de la-dite Abbaye: & il sera tenu toute sa Vie à prier Dieu pour vostre Prosperité & Santé, comme aussi je fais daussi grande Affection que je supplie le Createur, Madame, vouloir maintenir vostre Grandeur en toute Prosperité très-heureuse & très-longue Vie.

De Perigueux, ce xv. de Janvier 1575.

LETTRE XCII.

DU SEIGNEUR DE BOURDEILLE AU ROY HENRY III,

envoyée par Philippes, le 25 de Janvier 1575.

SIRE.

LES Maire & Consuls de ceste Ville de Perigueux neussent pas tant demeuré à envoyer devers Vostre Majesté, neust esté que je les en ay tousjours gardé pour l'Esperance que javois de y aller moy mesme, & de les y mener de Jour à aultre, si le Temps me leust pu permettre ; pour vous faire entendre la bonne Volunté quils ont de demeurer vos très-humbles & très-obeyssants Serviteurs & Subjects : vous asseurant, Sire, que je les ay tousjours cognus tels & fort prompts à executer ce que je leur ay commandé pour vostre Service. Mais, craignant que vous fussiez marry dequoy ils ont tant tardé à faire leur Devoir,

ils

ils vous envoyent ung dentre eux ,
pour vous offrir & remonſtrer comme
de tout Temps ils ont eſté aux Roys vos
Predeceſſeurs , & très-fideles à la Couronne , ce quils veulent continuer ;
vous ſuppliant très - humblement, quil
vous plaiſe les recepvoir , & leur confirmer les Privileges que vos Predecef-
ſeurs leur ont donnez , & leur accorder & octroyer la Requeſte quils preſenteront à Vos Majeſtez. Et ſera de
plus en plus augmenter le bon Vouloir
quils ont à vous faire très-humble Service. Sur ce je prieray le Createur,
Sire , maintenir voſtre Authorité &
Grandeur en toute Proſperité très-
heureuſe , & très - longue Vie.

De Perigueux , ce xxv. de Janvier
1575.

LET.

LETTRE XCIII.

DU SEIGNEUR DE BOURDEILLE A LA REYNE-MERE,

MADAME,

LE Maire & Consuls de Perigueux envoyent devers le Roy lung dentre eux, pour luy offrir, & à vous aussi, leurs Biens & Vies pour le Service de Vos Majestez, comme vos bons Subjects & fideles Serviteurs. Les ayant tousjours cognus tels, & fort prompts à executer vos Commandemens, jen ay escript à Sa Majesté, comme pourrez voir, & vous supplie très-humblement, Madame, les ayder & favoriser, affin quils obtiennent ce quils demandent par leur Requeste, qui est très-raisonnable, & sera tousjours augmenter le Vouloir & bon Zelle quils ont au Service de Vos Majestez. Sur ce, je prieray le Createur, Madame, maintenir vostre

Gran-

Grandeur en toute Prosperité très-
longue & heureuse Vie.

De Perigueux, le xxv. Jour du
Mois de Janvier 1575.

LETTRE XCIV.

DU SEIGNEUR DE BOURDEILLE AU ROY HENRY III,

*envoyée par Mr. de Branthome le 30
de Janvier 1575.*

SIRE,

JAY reçeu la Lettre quil vous a
pleu mescripre, dattée du vingt-cin-
quiesme Decembre dernier, ensemble
la Commission que mavez envoyée
pour l'Entretenement de six cents
Hommes de Pied, ordonnez à la
Garde de ce Pays pour quatre Mois,
& aussi pour mon Entretenement,
ou de celluy qui demeurera icy en mon
Absence, qui sera le Sr. de la Saux,
com-

comme il vous a pleu de le commander, lequel je y laisseray incontinent
que jauray reçeu voftre Reponfe fur
la Depefche que jay envoyé devers
vos Majeftez.

ET quant à ce que vous me commandé de tenir la Main pour faire payer les
Deniers que Monfeigneur de Montpencier a impofé fur le prefent Pays,
jen ay eu la Moitié, & on eft après
à lever le Refte ; mais , la Pouvreté
de ce Pays eft fi grande , quon ne
peut eftre payé, tant de l'Ordinaire
que de l'Extraordinaire, parce quil a
efté levé fur le-dit Pays foixante ou
quatre vingt mille Livres depuis le
Commencement de cefte Guerre ,
oultre ce qui a efté pillé & defrobé ;
& pour ce auffi que les Ennemis detiennent & occupent la plus grande &
meilleure Partie dycelluy Pays. Mais,
sil vous plaifoit le favorifer & ayder
dune Compaignie de vos Ordonnances,
vous le jetteriez dune grande Partie
de toutes fes Miferes & Pilleries , &
la-dite Compaignie tiendroit la Main à
faire payer vos Impofitions ; car ,
vous fçavez, Sire, queftant defnué de
Force comme je fuis, que je ne puis
remedier à tant d'Affaires & Inconveniens

veniens. Jen ay fi fouvent efcript au feu Roy voftre Frere & à vous, que je crains que vous direz que je fuis importun. La Reyne vous tefmoignera du tout. Mais, je ne puis moings faire que cela pour le Deub de mon Eftat, duquel il vous a pleu mhonorer, & lequel jexerceray fort fidellement & de bon Cœur. A cefte Caufe, Sire, je vous fupplieray très-humblement, quil vous plaife y penfer.

Jay aufli mandé fouventesfois, tant au feu Roy quà vous, de quelle Importance eft la Ville de Bergerac, pour eftre affife là-où elle eft, queft à vingt Lieues de Montauban, là-où les Affemblées fe font de Languedoc, Provence, & Dauphiné : & à la Faveur du-dit Bergerac ils fe peuvent joindre avec ceux d'Angoulmois, Xainctonge, Poictou, Bretaigne, & aultres Lieux circonvoifins, veu que la-dite Ville neft quà trente Lieues de la Rochelle, qui vous eft un grand Prejudice pour voftre Duché de Guyenne, qui eft grande, & ayant force Noblefe & Gens de Pied, defquels vous pourriez plus ayfement vous fervir, fi le-dit Bergerac eftoit en voftre Obeyffance : à quoy vous pouvez remedier par le Moyen des Forces de Mr. de Montpencier , tant de Gens de Cheval que de Pied, & l'Artillerie toute preste à marcher, & ne luy fauldroit que Munition pour la-dite Artillerie ; & en ce Caresme prochain on la pourroit venir assaillir & prendre , dautant quelle nest encore fortifiée comme il faut, & fermée de foibles Murailles.

ON me pourroit dire quil seroit necessaire de nettoyer plustost la Xainctonge de Pons & Bouteville. Mais , je respondray sur cela, quon aura aussi tost pris le-dit Bergerac que ceux-là, qui vous est cent mil fois de plus grande Importance; & layant remis à vostre Devotion , Pons & Boutteville seront plus aysez à prendre , parce quils ne pourront estre secourus & favorisez de ce Passage de Bergerac. Vous sçavez, Sire, & avez veu la Commodité des Pays, & si vous y faites venir le Seigneur de Montpencier & ses Forces, vous ferez deux Choses. Car , vous prendrez la-dite Ville , ensemble tous les aultres Forts quils tiennent en Perigord, Agenois, Quercy, & Bourde-

delois ; & par ainfi delivrerez tous
ces Pays dune grande Captivité, vous
affeurant que les Ennemis levent
fur lefdits Pays tous les Mois plus
de deux cens mille Livres, fans
les Larcins & Pilleries, qu'ils y
font ordinairement : & maffeure
que ces Pays-là vous ayderont de ce
quils pourront pour fecourir voftre-
dite Armée, mefine ce prefent Pays
de Perigord ; & cognoiftrez, quils
nefpargneront, ny Vies, ny Biens,
pour ce faire : & fi l'Armée marche de
par de-ça, les Opinions de plufieurs
changeront ; mais, au contraire, fi
vous leur baillez Loyfir de fortifier
cefte Ville, ce fera une feconde Rochelle ; de forte, quils font Eftat, que
fi la Paix fe fait, cefte Ville-là leur
demeurera, & ont fait faire des Canons & de longues Collevrines.

Mon Frere de Branthofme s'en va
devers Vos Majeftez, lequel vous dira
bien amplement tous les Affaires qui
fe prefentent en ce Pays, & les Particularitez à quoy il eft temps que vous
remediez. Entre aultres Chofes, il
vous difcourra du Faict du Sr. de
Raftigniac, duquel je vous efcrip-

vis

vis dernierement : vous fuppliant très-humblement le vouloir contenter & leur donner l'Abbaye de la Chaftre, en la Façon que vous donnaftes celle de Pouilhac contre le Comte de Loufun, & donnerez Recompenfe à laultre, & leur augmenterez tousjours le Cœur de plus en plus à vous faire très-humble Service.

Sur cela je prieray le Createur, Sire, maintenir voftre Grandeur en toute Profperité très - heureufe, & très-longue Vie.

De Perigueux, le xxx. Jour de Janvier 1575.

LETTRE XCV.

DU SEIGNEUR DE BOURDEILLE A LA REYNE-MERE,

escripte le 30 de Janvier 1575.

MADAME,

JAY reçeu la Lettre quil a pleu à Voftre Majefté mefcripre, enfemble la Lettre du Roy, lefquelles jexecuteray de poinct en poinct fort fidellement. Jefcrips à Sa Majefté bien amplement des Affaires qui fe prefentent en ce Pays, & quil eft très-neceffaire de y remedier bientoft.

MON Frere de Branthofme sen va devers Vos Majeftez, lequel vous difcourra bien au long, tant du general que du particulier. Je vous fupplieray très-humblement, Madame, de favorifer les Srs. de Raftigniac à obtenir l'Abbaye de la Chaftre, quil

M 3   avoit

avoit pleu au feu Roy leur donner
par voſtre Moyen : & vous les oblige-
rez grandement à vous faire très-humble Service , vous aſſeurant quils en
ont bien le Moyen , & les y ay trouvez tousjours fort affectionnez comme
je vous ay mandé pluſieurs fois. Sur
cela je prieray le Createur , Madame ,
quil veuille maintenir voſtre Grandeur
en toute Proſperité très - longue , &
très-heureuſe Vie.

De Perigueux, le xxx. Jour de Janvier 1575.

* *
* *

LETTRE XCVI.

DU ROY HENRY III. AU SEI-
GNEUR DE BOURDEILLE,

eſcripte le 16 de Janvier 1575.

Mr. DE BOURDEILLE ,

JE vous ay envoyé la Commiſſion
neceſſaire pour lever le Payement des
trois Compaignies qui ſont entretenues

en

en Perigord, par laquelle jay auffi ordonné ung honnefte Appoinctement
pour celluy que laifferez dedans la Ville de Perigueux en voftre Abfence; fi-
bien que ferez maintenant fatisfait
pour ce Regard.

Je fuis bien ayfe, quayez envoyé à
mon Coufin le Duc de Montpencier
les fept mille Livres qui avoient efté
impofées fur le Pays par fon Ordonnance; car, il avoit fait Eftat. Quant
à l'Entretenement des Chevaulx legiers
que vous avez affemblez, je ne puis
donner dicy daultre Provifion, & mefmes fur les Deniers de mes Tailles,
que de vous renvoyer à mon Coufin
le Marefchal de Montluc, pour ce que
je luy ay entierement delaiffé les-dits
Deniers. Vous retirez doncques vers
luy, affin quil y pourvoye fuivant le
Pouvoir quil en a. A quoy il ne fera
Refus dentendre, ayant à prefent entendu mon Intention fur fon Gouvernement.

Pour ce qui regarde les Fraix qui
ont efté faicts pour la Reprinfe des
Chafteaux de la Chapelle & de Wert,
je feray voir dans mon Confeil l'Eftat que men avez envoyé, pour après

 en

en estre ordonné ce que Raison. Quant est du Chasteau d'Aubeterre, jay veu ce que Chamberlanne men escript. Il dit avoir augmenté sa Garnison du-dit Chasteau dautant quil a cognu quil estoit necessaire de le faire, & demande destre remboursé de ce quil a mis pour l'Entretenement de la-dite Augmentation, laquelle, puisquil la faite sans mon Commandement, ny de mes Lieutenans-Generaux, il me semble raisonnable quil en soit dressé. Pour ceste Cause, je remettray à pourvoir à cela, quand jauray esté mieulx informé des Choses, comme jespere estre par vous à vostre Arrivée. Cependant, vous devez retirer avec vous le Fils de la Viscomtesse d'Aubeterre, suivant l'Offre que jay entendu quelle vous en a quelquefois faite, quand ce ne seroit que pour linstituer comme il doit estre.

Je renvoye le Lieutenant de Poictou vers mon Cousin le Duc de Montpencier, luy ayant donné Charge de vous communiquer mon Intention sur une Lettre que je vous ay escripte par luy, & pour ce je ne vous en feray Repetition par la presente. Priant Dieu,

Dieu, Monſieur de Bourdeille, vous avoir en ſa Garde.

Eſcript à Romains, le xvj. Jour de Janvier 1575.

Signé HENRY.

Et plus bas, DE NEUFVILLE.

* * *

LETTRE XCVII.

DE LA REYNE-MERE, AU SEIGNEUR DE BOURDEILLE,

eſcripte le 16 Jour de Janvier 1575.

M^R. DE BOURDEILLE,

POUR Reſponſe à voſtre derniere Depeſche, le Roy Monſieur mon Fils ſe remet en Partie ſur ce quil vous a mandé par ſes precedentes, eſperant
M 5 que

que les aurez de preſent reçeues ; &,
par celle quil vous eſcript preſentement, il vous fait ſi amplement entendre ſon Intention, que je ne vous
en feray Redite. Seulement vous prieray dembraſſer tousjours tout ce qui
ſera de ſon Service , comme de la
Charge quil vous a donnée , ſelon que
avez accouſtumé, & quil ſe promet de
voſtre Affection. Priant Dieu, Monſieur de Bourdeille, vous avoir en
ſa Garde.

Eſcript à Romains, le xvj. Jour de
Janvier 1575.

Ainſin ſigné CATHERINE.

Et plus bas, DE NEUFVILLE.

LETTRE XCVIII.

DU SEIGNEUR DE BOURDEILLE AU ROY HENRY III,

escripte le 9 de Fevrier 1575.

SIRE,

J'AY reçeu la Lettre qu'il vous a pleu m'escripre dattée du seiziesme Jour de Janvier dernierement passé, & tout incontinent jay envoyé devers le Sr. Mareschal de Montluc sçavoir s'il me vouloit bailler Deniers pour l'Entre-tenement des Chevaulx-legiers? Lequel dit Sr. Mareschal est allé assieger le Chasteau de Madelhian près Agen, qui est à Mr. l'Admiral; & à ce Matin jay eu Advertissement de deux divers Lieux, que Langoyran est sorty de Bergerac avec toutes ses Forces pour s'aller joindre avec les Viscomtes de Gourdon & Lavedan & le Sr. d'Oros, qui s'assemblent pour essayer de lever le Siege de Madelhian. Le-dit Sieur

Marefchal, ayant fçeu cela, à fait retirer fon Artillerie à Agen, & a laiffé les Gens de Pied devant le-dit Madelhian qui font à la Sape, & a prins le Demeurant de fes Forces, & sen va trouver lefdits Ennemis, pour les combattre sil peut.

QUANT au Faict d'Aubeterre, jefpere fçavoir la Verité du Tout bientoft, & ne fouldray de le vous faire entendre: & pour le Regard du Fils aifné du-dit d'Aubeterre, il a demeuré avec moy toutes ces Guerres, & porté les Armes pour voftre Service, deliberant rhabiller les Fautes que fon Pere a faites, par le Moyen du Service quil vous faira, comme je lay mandé au feu Roy voftre Frere; & lavois prié de le prendre à fon Service, ce quil maccorda. Je vous en fis pareille Requefte & Supplication, par une Lettre que je vous ay envoyée defpuis voftre Retour & Advenement: & derefchef je fupplie très-humblement Voftre Majefté de le recepvoir; & feroit une grande Charité de remettre fa Maifon en fon Entier, qui eft une des meilleures Maifons de voftre Duché d'Angoulefme.

ET quant à ce que me mandez, quavez

Com-

commandé au Lieutenant de Poiétou de me communiquer de fa Negociation, & de mapporter des Lettres de vous, je nay ouy encore aulcunes Nouvelles de luy, fi-non quon dit, quil eft avec Monfieur de Montpencier. Le Doyen de Poiétiers eft de Retour, lequel ma difcouru bien amplement de tout. Incontinent que jauray fçeu des Nouvelles du-dit Lieutenant, je ne fauldray de faire ce qui fe prefentera pour voftre Service de par-deçà fort fidellement.

Jay entendu, que mon-dit Sr. de Montpencier sen va à voftre Sacre. Mais, il me femble, Sire, que vous luy debviez mander de fuivre fa Fortune avec fes Forces, & venir en ce Pays; vous affeurant, que sil fuft venu incontinent à Lufignan, fe planter à Cognac ou à Angoulefme, il euft fort eftonné vos Ennemis; car, la Prefence de luy feul vault plus que dix mille Hommes, par la Créance que vos bons Serviteurs ont en luy, cognoiffans la Fidélité quil a à voftre Couronne. Par-quoy je vous fupplieray très-humblement, Sire, de nous le renvoyer le pluftoft que pourrez, & ferez beaucoup pour le Bien de voftre

 Ser-

Service, & pour voftre Duché de Guyenne que je vois bien brouiller. Et me femble que ne fçauriez mieulx faire, que de lenvoyer pour commander & obvier aux Jaloufies de tant de petits Lieutenans de Roy, & tant de grands Seigneurs de ce Pays, qui ne fairont point difficulté de luy obeyr. Aultrement vous ferez tousjours à recommencer.

Je vous ay mandé par mon Frere de Branthome de quelle Confequence eft la Ville de Bergerac. Je vous prie y penfer, & mettre Ordre en cela de bonne Heure & aultres Chofes qui touschent voftre Eftat. Javois envoyé devers Meffieurs les Comte de Ventadour & Vifcomte de Thurenne, pour fçavoir de leurs Nouvelles. Le-dit Sr. Comte me manda, que venant à Brive le-dit Sr. Vifcomte envoya devers luy le prier quils parliffent enfemble, comme ils ont fait ; & que le-dit Vifcomte luy avoit dit, que le Bruit quon avoit fait courir de luy, eftoit faulx, dautant que jamais il navoit eu Volunté deftre aultre que voftre très-humble & fidele Subject ; & men a efcript autant.

QUANT à vos Pays de Xainctonge &
de

de Angoulmois, on ne bouge rien encore, ny en ce Pays. Le Sieur Beauregard fait ce quil peut pour rompre les Deſſeins des Ennemis en ce Pays. Vous ferez bien de luy eſcripre & aux aultres Seigneurs de ce Pays qui vous ſont bons Serviteurs, de ne bouger du Pays, affin que lon y ſoit plus fort, ſi les Ennemis vouloient y entreprendre quelque Choſe.

VOILA` tout ce que je vous puis mander pour le preſent. Sur ce je prieray le Createur, Sire, quil veuille maintenir voſtre Grandeur en toute Proſperité très-longue & très-heureuſe Vie.

De Perigueux, ce jx. de Fevrier 1575.

LETTRE XCIX.

DU SEIGNEUR DE BOURDEILLE AU ROY HENRY III,

envoyée par le Sr. de Perigord le 11 de Fevrier 1575.

SIRE,

JE vous fis hier Matin une Depef-che, par laquelle je vous fais enten-dre toutes les Affaires qui fe prefen-toient en ce Pays. Mais, defpuis, jay entendu, que Langoyran, avec le Vif-comte de Gourdon, le Baron d'Oros, Savailhan, Vivans, & plufieurs aul-tres, & leurs Forces, font reve-nus de lever le Siege de Mr. le Ma-refchal de Montluc de devant Ma-delhian, dautant quils eftoient beau-coup plus forts que luy : & font à Bergerac & leurs Troupes logées de-çà la Riviere de Dordoigne autour du-dit Bergerac, ayant un Canon & quel-ques petites Pieces de Compaigne,

que

que le-dit Langoyran a fait faire en la-dite Ville de Bergerac ; & avec cela veulent tenir la Campaigne, & attaquer quelques petits Chasteaux dicy autour, comme ils en font courir le Bruit. Pour à quoy obvier, jassemble tous mes Amis de la Noblesse de ce Pays, lesquels jay mandé de me venir trouver icy. Jay aussi escript aux Sieurs de la Vauguyon & des Cars, & les prie de me amener tous leurs Amis, mesme le-dit Sr. des Cars qui a sa Compaignie toute preste. Quant aux Forces ordinaires de ce Pays, je nay que les six cens Hommes ordonnez pour la Garde des Places fortes dycelluy, lesquels ne suffisent encore assez pour les garder, pour autant quil y a beaucoup de Places, & de grande Importance. Quant au reste je nay que cinquante Chevaulx tels quels, desquels jay donné la Charge au Sr. de Pallyé, qui est Frere du Sr. Aluer, encore ne sçay-je sils feront payés.

QUANT à moy, je vous supplie très-humblement, Sire, vous asseurer que je nespargneray ny Vie, ny Bien, pour faire cognoistre le Desir que jay à voftre Service. Mais, si vous nenvoyez

voyez Monfieur de Montpencier incontinent de par-deçà, ce pouvre Pays
de Guyenne aura bien des Affaires;
car les Ennemis y font de grandes
Menées, & le Temps sapproche auquel ils fe veulent eflever tout à un
Coup.

On dit que vous faites force Commanderies à voftre Sacre , pour recompenfer vos Serviteurs. Vous fçavez, Sire, que de long temps je fuis
du Nombre, & fort fidele, & defpuis
que m'avez tousjours fait ceft Honneur que de m'aymer. A ce Coup ,
faites moy cognoiftre, que les Services que je vous ay faits, vous font
agréables; vous affeurant, que cela &
mes aultres Moyens font defdiez à
Voftre Service. Il vous plaira avoir
Souvenance de ceux de Raftigniac ,
pour lefquels je vous ay efcrips cy-
devant.

Le Sieur de Perigord sen va de par-
delà, lequel vous dira bien amplement
& fidellement toutes Chofes; car, il a
tousjours efté fort fidele Serviteur à voftre Couronne. Je vous ay plufieurs fois
mandé comment le Sr. Puymartin, qui
commande en mon Abfence en Sarladois, fait fort bien fon Devoir; & vous
ref-

responds, que c'est un fort Homme de
Bien & d'Honneur, nayant Chose en
ce Monde tant en Recommandation que
le Bien de vostre Service.

En faisant ceste Lettre, jay esté adverty que la Noue se veult joindre
avec le-dit Langoyran. Sil est ainsin,
je croy quen brief ceux que sçavez, se esleveront sils en ont Envie;
parce que jay esté adverty quils ont
ung Rendez-vous duquel le Jour sapproche. Si cest Orage-là tumbe en ce
Pays, je nay Puissance ny Moyen pour
le soustenir, parce que mon dit Sr. de
Montpencier a envoyé toutes ses Forces
au Sr. de Ruffec, lequel jay adverty
de tout cecy. Je ne sçay sil men
despartira. Vous sçavez que les Gouverneurs des Provinces ne se veulent
desfournir de leurs Forces, craignant
que l'Orage advienne sur eux. Jay
mandé à Monsieur le Mareschal de
Montluc de menvoyer de la Cavallerie: mais, je pense quil ne men envoyera point; parce que les Ennemis
sont plus forts que luy. Je vous ay
mandé plusieurs fois, que je nay point
de Forces pour leur resister: & il y a
un An entier, que je suis en ceste
Façon icy, & tousjours à mes Despens.

pens. Sil vient quelque Inconvenient au Pays, je vous prie ne vous en prendre à moy : car, pour mon Regard, je ne my espargneray en Façon quelconque. Je vous supplie encore un coup y penser, & sur-tout nous envoyer Monsieur de Montpencier de par-deçà : aultrement, vos Affaires sy porteront fort mal.

Sur ce je feray Fin, priant Dieu, Sire, quil veuille maintenir voftre Grandeur en toute Profperité très-longue & heureufe Vie.

De Perigueux, ce xj. de Fevrier 1575.

LETTRE C.

DU SEIGNEUR DE BOURDEILLE A LA REYNE-MERE,

envoyée par le Sr. de Perigord, le 11 de Fevrier 1575.

MADAME,

SEN allant le Sr. de Perigord de pardelà, je nay voulu faillir defcripre au Roy bien amplement des Affaires qui fe paffent en ce Pays. Le-dit Sieur de Perigord vous en difcourra fidellement, & le pourrez auffi entendre par la Lettre que jefcrips à Sa Majefté.

JE vous fupplieray très-humblement, Madame, avoir Souvenance des Srs. de Raftigniac, lefquels ont tousjours efté fi fideles Serviteurs à Vos Majeftez. Jay entendu que le Roy fait force Commanderies pour recompenfer fes Serviteurs. Vous fçavez quil y a long-temps, que je fuis du Nombre & des plus fideles. Par-quoy je vous

fup-

fupplie très-humblement, Madame, eſtre mon Advocate envers Sa Majeſté,
affin que je ne demeure oblyé. Mais,
ſi Sa-dite Majeſté men vouloit croire,
il ne fairoit encore leſdites Commanderies : car, il en meſcontentera deux
mille pour en contenter deux ou trois
cents , & ſans cela il y en a aſſez de
mal-contents , & ne ſçay pourquoy.

SUR ce , je prieray le Createur ,
Madame, quil maintiegne voſtre Grandeur en toute Proſperité très-longue ,
& très-heureuſe Vie.

De Perigueux , ce xj. de Fevrier
1575.

LETTRE CI.

DU ROY HENRY III. AU SEI-
GNEUR DE BOURDEILLE,

M^R. DE BOURDEILLE,

Vous entendrez par le Sr. de la Haye,
la Reſolution que jay prinſe pour facili-
ter la Paix, ayant adviſé denvoyer devers mon Couſin le Duc de Montpencier
le

le Sr. de Mondreville, pour luy faire
entendre mon Intention.

QUANT au Médecin Lamoureux duquel mavez escript , jay mandé au
Sr. de la Chapelle Logieres de le faire
delivrer sil a esté prins pour Eschar-
ge de l'Abbé de Montierneuf. Et , pour
le Regard du Sr. de Bruzelles , jay ordonné quil sera remis entre les Mains
de mon Cousin le Mareschal de Montluc pour en estre faict ce que de Raison , nentendant quil soit contrevenu
à mes Declarations. Je prie Dieu ,
Monsieur de Bourdeille , vous avoir
en sa Garde.

Escript à Avignion , le vij. de Janvier 1575.

Signé HENRY.

Et plus bas, DE NEUFVILLE

LETTRE CII.

DE LA REYNE-MERE AU SEIGNEUR DE BOURDEILLE,

escripte le 16 de Janvier 1575.

M^R. DE BOURDEILLE,

POUR Response à voftre derniere Depefche, le Roy Monfieur mon Fils fe remet en Partie fur ce quil vous a mandé par fes precedentes ; efperant que les aurez reçeues prefentement : & par celle quil vous efcript de prefent, il vous fait fi amplement entendre fon Intention, que je ne vous en feray Redite. Seulement vous prieray dembraffer tousjours tout ce qui fera de fon Service, & de la Charge quil vous a donnée, felon quavez accouftumé, & quil fe promet de voftre Affection. Priant Dieu, Monfieur de Bourdeille, vous avoir en fa Garde.

Efcript à Rouan, le xvj. de Janvier 1575.

Signé CATHERINE.

Et plus bas, DE NEUFVILLE.

LET-

LETTRE CIII.

DU ROY HENRY III. AU SEIGNEUR DE BOURDEILLE,

escripte le 12 Jour de Fevrier 1575.

M^R. DE BOURDEILLE,

OULTRE le Contenu en voſtre Lettre du quinzieſme du paſſé, jay veu bien particulierement par le Memoire qui laccompagnoit, combien vous vous rendez curieux Obſervateur des Actions de vos Voiſins, qui ne vous peut partir que de l'Abondance du Cœur & Affection que vous deſirez au Bien de mes Affaires & Service, ce dont il me demeure ung ſingulier Contentement, & la Volunté de vous le teſmoigner, ſoffrant l'Occaſion.

AYANT pourveu aux Advis que vous me donnez, par les Moyens qui mont paru plus propres, avec leſquels je vous prieray y avoir tousjours tacitement & couvertement l'Oeil, affin que ſi les

*Tome XIV.*NCho-

Chofes prenoient de ce Cofté Succès contraire, vous my puiffiez, avec mes aultres bons Subjects & Serviteurs de là, rendre le Service que jen attends, regardant bien néantmoins de ne rien aigrir, ains y proceder dextrement, ainfin que vous cognoiffez le Faict & Matiere le defirer.

Au Demeurant, je ne penfe point avoir revoqué ma Volunté, & la Difpofition que vous me mandez avoir faicte de l'Abbaye de la Chaftre en Faveur du Sr. de Raftigniac, ains fuis en Volunté de le recognoiftre plus avant, quand la Commodité le permettra: maffeurant auffi, quil ne fe degouftera de me continuer le Service quil ma cy devant fait, ains que de bien en mieulx il y voudra perfifter; à quoy je vous prie le conforter, & faire rendre la Lettre que je luy efcrips à cefte Fin. Priant fur ce le Createur, Monfieur de Bourdeille, vous avoir en fa fainéte & digne Garde.

Efcript à Rheims, le xij. Jour de Fevrier 1575.

Ainfin figné, HENRY.

Et plus bas, FIZES.

LET-

LETTRE CIV.

DU SEIGNEUR DE BOURDEILLE AU ROY,

envoyée par l'Homme de Mr. de Gri-gniols, le 8 de Mars 1575.

SIRE,

JAY reçeu la Lettre quil a pleu à Voftre Majefté mefcripre le douziefme du paffé, & fuivant ycelle ne fauldray dobeyr à vos Commandemens, & avoir l'Oeil en tout ce qui concernera voftre Service.

JE nay failly denvoyer incontinent au Sr. de Raftigniac les Lettres que luy efcripvez, qui eft en fa Maifon, mayant affeuré, que fon principal Defir eft de fe continuer en voftre Service; & penfe quil sy employera pour ladvenir de meilleur Cœur que jamais, voyant la bonne Volunté quavez de luy faire du Bien.

QUANT à ceux que fçavez, ils ne difent Mot. Tout auffi-toft que jay en-

N 2   ten-

tendu que la Sr. de Ruffec venoit du Coulté de Bourdelois avec des Forces, je me fuis acheminé jufques à Roche-Chalays, qui eft hors mon Gouvernement, pour parler à luy, & luy offrir tous mes Moyens pour le Secours de l'Armée; layant affeuré, que tous ceux de mon Gouvernement sefforceroient de tout ce quil leur feroit poffible pour luy ayder. Et le trouvis en Deliberation daller affieger Caftillon, dautant que Meffieurs de Bourdeaux luy avoient promis Munitions & toutes aultres Chofes requifes pour ce faire; veu que le-dit Caftillon eft de grande Importance à la-dite Ville de Bourdeaux, & à tout le Pays. Si eft-ce que je penfe, quil fe fera battre.

AYANT quitté le-dit Sr. de Ruffec, je men revins à Monpaon, qui eft un Paffage fur la Riviere de Lifle fur le Bord de mon Gouvernement, pour attendre-là que l'Armée euft paffé la Riviere de Lifle pour aller au-dit Caftillon. Mais, le-dit Sr. de Ruffec me manda, quil avoit eu Advertiffement comment la Noue eftoit forty de Pons & sen alloit paffer en Poictou, pour

affem-

affembler tant de Forces quil pourroit, affin de fe venir joindre à Langoyran. Qu'a efté Caufe, que je men
fuis venu en ce Lieu, pour advertir
les Srs. de la Vauguyon, des Cars, & de
Vantadour, comme eftans des principaux de tout ce Pays ; & les ay prié
daffembler le plus de leurs Amis quils
pourront, & de fe tenir prefts pour marcher, fi de Fortune le-dit de la Noue
sacheminoit en ce Pays, affin de lem-
pefcher de fe joindre avec le-dit Langoyran.

QUANT au Sr. Marefchal de Montluc, il ma mandé, font huict ou dix
Jours paffez, quil faifoit affembler à
Mouffac, au quatriefme Jour de ce
Mois, les Senefchaulx de Rouergue,
Quercy, Agenois, Perigord, & aultres
Pays, pour arregarder les Moyens
quils peuvent porter pour fouldoyer
une petite Armée quil veult dreffer,
affin de prendre les Forts que les Ennemis tiennent dans le-dit Pays. Et me
prioit de y aller ; ce que je nay
pu faire, parce que Langoyran avec
quelques Forces eftoit en Campaigne : &, daultre Part, jattendois
la Refponfe du Lieutenant de Poic-

tou, felon que maviez commandé.

Jay mandé au Sr. Marefchal la Volunté du-dit Sieur de Ruffec, lequel luy efcript auffi de fa Part, & le prie de venir de par-deçà. Je ne fçay quil fera. Je vous ay efcript plufieurs fois comme il eft très-neceffaire, pour le Bien de voftre Service, denvoyer le Seigneur de Montpencier en ce Pays, avec Efquipage d'Artillerie & Munitions neceffaires, pour mettre ce que les Ennemis y tiennent en l'Obeyffance de Voftre Majefté: vous affeurant, Sire, que jamais l'Occafion ne fe prefentera plus propre pour cet Effect, que à cefte Heure. Car, il y a force Seigneurs & Gentils-Hommes en ce Pays, qui accompagneront le-dit Seigneur de Montpencier pluftoft que daultres.

Il ny a aultres Affaires qui fe prefentent de par-deçà, fi neft que le Sr. de Grigniols meft venu dire, que le-dit Sr. de Ruffec a mis Garnifon en fa Maifon de Chalays: ce que je trouve bien eftrange; veu que le-dit Sr. de Grigniols na jamais porté les Armes contre Voftre Majefté: & y a deux ou trois Mois quil vint en cefte Ville

faire

faire le Serment de vivre & mourir pour voftre Service, & denfuivre vos Edicts & Commandemens, feftant retiré avec toute fa Famille en une fienne Maifon qui eft en ce Pays de Perigord, & y mene la Vie la plus paifible quil eft poffible. Il ma fupplié très-humblement vous requerir de luy faire rendre fa-dite Maifon de Chalays, de quoy je vous fais très-humble Requefte.

Sur ce je prieray le Createur, Sire, quil veuille maintenir voftre Grandeur en toute Profperité très-heureufe & longue Vie.

De Perigueux, le viij. de Mars 1575.

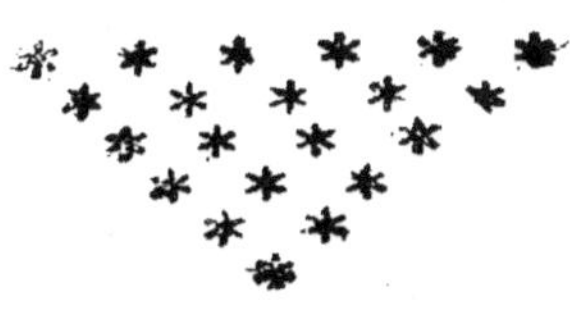

LET·

LETTRE CV.

DU SEIGNEUR DE BOURDEILLE AU ROY HENRY III,

escripte le 12 de Mars 1575.

SIRE,

JE vous fis une Depesche le huictiefme de ce Mois, par laquelle je vous faifois entendre les Affaires qui fe prefentoient en ce Pays, & comme le Seigneur de Ruffec eftoit venu du Coufté de Bourdelois, pour aller affieger Caftillon. Mais, depuis il a mandé, quil sen retourneroit en Xainctonge, pour lever le Siege, que la Noue a mis devant Mornac. Incontinent quil a efté hors de ce Pays, Langoyran & Monguyon ont repaffé la Dordoigne, pour venir en çà avec leurs Forces, quon eftime à deux mille Hommes, tant de Cheval que de Pied, & veulent attaquer quelques

Chaf-

Chafteaux qui font entre icy & Bergerac; ce que je ne peux empefcher,
veu que le peu de Forces que jay, & principallement de Cavallerie, nayant que
cinquante Chevaulx-legiers mal montez & equippez : & y a trois Mois que
je les ay entretenus le mieulx que jay
pu, en attendant que Mr. le Marefchal de Montluc me donnaft Moyen
de leur payer une Monftre fur les
Deniers des Tailles que vous luy avez
ordonné pour fubvenir aux Befoings,
comme je luy ay efcript, & nen ay eu
encore de Refponfes. Je feray contraint de leur bailler Congé, car ils mont
dit refolument, que, sils nont de
l'Argent, ils fe retireront.

J'AY demandé au - dit Seigneur Marefchal une Compaignie de Gendarmes,
& en lieu de cela il ma envoyé quatre
Enfeignes de Gens de Pied, qui nont
efté payez il y a fix Mois : & y a ung
Mois quils font en ce Pays, mangeant
le pouvre Peuple fans y fervir de rien.
Tellement que je fuis contraint de
les renvoyer, voyant que le pouvre
Peuple eft fi ruyné, quil nen peut
plus.

JAY entendu, que le Comté de Martinengue sen vient en ce Pays avec
N 5
quin-

quinze ou vingt Enſeignes de Gens de Pied, & quil eſt desjà à St. Leonard près Limoges. Ceſt aſſez pour achever de ruyner ce pouvre Pays, comme on en a faict de meſme en Xainctonge, ſans mettre rien à Effect pour le Bien de voſtre Service : & crains bien, que vous aurez aſſez d'Affaires en toute la Guyenne, ſi vous ny mettez Ordre, pour beaucoup de Menées qui sy braſſent, & pour Faulte denvoyer un Grand pour commander en ce Pays. Mais, pour le plus Expedient, je vous ſupplieray très-humblement, Sire, de faire la Paix, & avoir Pitié de voſtre pouvre Peuple, qui eſt au Deſeſpoir. On fait courir le Bruit, que Mr. le Mareſchal Damville sen vient à Montauban. Voilà toutes les Affaires, qui ſe preſentent pour ceſte Heure en ce Pays.

QUANT aux miennes particulieres, je ſupplie très-humblement Vos Majeſtez ne trouver point maulvais ſi je vous en parle ; car, la Neceſſité my contraint, dautant quil y a un An entier que je ſuis icy en grands Fraix & Miſes, ſans avoir Eſtat ny demy, ayant deſpendu tout ce que jay pu trouver ſur mon Bien, tant pour les

Aſſem-

Affemblées que jay fait plufieurs fois
de la Nobleffe de ce Pays, que pour
les Voyages que jay dreffez devers
Vos Majeſtez. Il y a ung Office de
Lieutenant particulier de ceſte Ville
qui sen va vacquant. Il vous plaira
me le donner en Payement des Fraix
que jay faits. Je penfe bien quil **y**
en a qui le vous ont demandé pour
Don gratuït. Quant à moy, je ne le
veux pas en ceſte Façon, fi-non **en**
Recompenfe de ce que jay defpendu
icy pour voſtre Service, sil vous plaiſt
de me le donner. Ce fera tousjours
augmenter le bon Vouloir que jay de
defpendre le Reſte du mien pour vous
faire très-humble Service, que je feray
dauffi bon Cœur que je prie le Createur, Sire, quil veuille maintenir voſtre Grandeur en toute Profperité très-
heureufe & longue Vie.

De Perigueux ce xij. de Mars
1575.

LETTRE CVI.

DU SEIGNEUR DE BOURDEILLE A LA RYNE-MERE,

escripte le 12 de Mars 1575.

MADAME,

VOUS voyrez par la Lettre que jeſcrips au Roy en quel Eſtat ſont les Affaires de par-deçà pour ſon Service, qui eſt la Cauſe que je ne vous en feray plus long Diſcours.

VOUS ſçaurez, Madame, qu'il y a plus dung An que je ſuis en ceſte Ville à mes Deſpens, & que jay mis beaucoup d'Argent extraordinairement, tant pour les Aſſemblées que jay ſouvent faites de la Nobleſſe de ce Pays, que pour aultres Affaires concernant le Service de Vos Majeſtez, comment je vous feray plus clairement entendre quand jauray ceſt Honneur deſtre auprès de vous.

CEPENDANT, je vous advertis, quil y a ung Office de Lieutenant particu-

lier.

lier de cefte Ville, qui sen va vacquant par la Mort de Merlé : vous fuppliant très - humblement , Madame , de me le faire donner en Recompenfe des Fraix & Mifes extraordinaires que jay faits pour le Service de Vos Majeftez. Et sil vous plaift de me le faire donner, il fera tousjours defdié avec le Refte de tous mes Moyens pour eftre employé à vous faire très-humble Service. Je crains bien quil y en ait daultres qui le font allez demander , mais je maffeure, que je lauray, fi vous voulez. Et je ne le demande point pour Don gratuït.

SUR CE, je prie le Createur, Madame , vous maintenir voftre Grandeur en bonne Profperité très-longue , & heureufe Vie.

De Perigueux, ce xij. de Mars 1575.

LET-

LETTRE CVII.

DU SEIGNEUR DE BOURDEILLE AU ROY HENRY III,

envoyée par la Beylie, le 22 de Mars 1575.

SIRE,

TOUTES fois & quantes que les Occasions se presentent pour vous faire entendre les Affaires qui se passent de par-deçà concernant vostre Service, je ne veux faillir de vous en advertir, mesme par ce present Porteur, lequel j'envoye par-devers Vos Majestez en Diligence, pour vous faire sçavoir comment Langoyran, Monguyon, Vivans, & Oros, sont assemblez avec le plus de Forces quils ont pu, & ont passé la Riviere de Dordoigne, & leur Rendez-vous est aujourd'huy à Saligniac, là-où se doivent trouver plusieurs Gentils-Hommes de Limosin, & aultres Pays, & de bien grands, comme

me vous fçavez; & font Eftat deftre
tous enfemble quatre mille Hommes,
tant de Cheval, que de Pied, dont il
y en aura de cinq à fix bons Chevaulx;
& font Bruit dailer combattre le Comte Martinengue, qui a fept ou huict
cens Harquebufiers, & font à deux
Lieues lung de lautre, tellement quil
a efté contraint de fe retirer à l'Abbaye de Teruffon, qui a un Paffage fur
la Vezere en mon Gouvernement. Incontinent, jay envoyé un Gentil-Homme devers luy, pour luy offrir tous
mes Moyens.

QUANT aux Forces, Sire, vous fçavez, que je nen ay point. Toutesfois,
jay envoyé devers Meffieurs de la
Vauguyon, des Cars, & de Ruffec,
& les prie de amaffer leurs Forces, &
de nous joindre, affin dobvier aux
Deffeins des Ennemis. Si eft-ce que
je crains bien avant que nous foyons
affemblez, quil adviegne quelque Def-
aftre au-dit Comte Martinengue. Mais,
fi vous euffiez bien confideré mes Ad-
vertiffemens, ce pouvre Pays ne feroit pas reduict en l'Extremité que je
le voys; vous affeurant, quil eft très-
neceffaire, que vous y mettiez Ordre
en brief, & de nous envoyer Monfieur
de

de Montpencier, ou quelque aultre
Prince, pour nous commander, ny
voyant Remede plus commode pour
le Bien de voftre Service; car, il trouvera force Nobleffe, qui ne defireıa
aultre Chofe queftre employée pour
voftre Service, lefquels fe voyans ex-
pofez en fi grands Dangiers, & fans
aulcungs Secours, fe refroidiront &
conviendront avec les Ennemis, qui
ne peut eftre que au grand Prejudice
de voftre-dit Eftat. Et après avoir
donné une Venuë aux Trouppes du-dit
Martinengue, ils sen vont trouver le
Marefchal Damville; & me femble
quils veulent faire de deux Chofes lune. Ceft quaprès avoir affemblé toutes leurs Forces, ils veulent attaquer
quelque Place en ce Pays, ou bien sen
aller trouver leurs Reyftres, car ils
saffeurent den avoir.

SIRE, la-dite Commiffion quil vous
a pleu menvoyer pour la Solde des fix
cens Hommes eftablis pour la Garnifon de ce Pays pour le Temps & Efpace de quatre Mois, qui expirent à la
Fin du Mois d'Apvril prochain, il
vous plaira la renouveller, ou bien
me donner aultre Moyen fur les Deniers quon ***** en cefte Ville: car, je

vous

vous affeure que le prouvre Peuple nen peut plus; & me trouve bien empefché quand ce vient à payer les-dites Garnifons. Javois levé cinquante Chevaulx legiers, qui eftoient très-neceffaires pour la Garde du Pays, & vous ay fouvent mandé de me donner Moyen de les entretenir. Sur-quoy il vous a pleu me commander de madreffer au Seigneur Marefchal de Montluc, parce que luy avez donné les Deniers des Tailles de ce Pays pour fubvenir aux Affaires de la Guerre: ce que jay fait; mais, il ne ma fait aulcune Refponfe. Mais, en lieu de cela, il ma envoyé quatre Enfeignes de Gens de Pied, qui ont demeuré en ce Pays fix ou fept Sepmaines: tellement que jay efté contraint de les congedier, pour navoir Moyen de les entretenir, & auffi les Chevaulx-legiers.

Le-dit Sieur Marefchal a envoyé un Contrerolleur des Guerres devers Voftre Majefté pour vous faire entendre bien amplement fa Declaration. Il vous plaira confiderer en quelle Extremité je fuis de par-deçà, comme jay efté il y a ung An. Et fi de Fortune il vient quelque Accident en ce
Pays

Pays, je vous supplie très-humblement, Sire, ne penser que ce soit en ma Faulte. Car de moy je nespargneray Vie ny Biens, pour vous faire cognoistre le Zelle que jay à vostre Service.

INCONTINENT que jay esté adverti des Assemblées des Ennemis, jay adverty Messieurs de la Vauguyon, des Cars, & de Ruffec, & les ay prié de nous joindre ensemble, affin de secourir le-dit Seigneur Comte de Martinengue de tout ce quil nous sera possible. Et masseure tant deux, quils nespargneront rien en cest Affaire.

SIRE, je vous ay cy-devant adverty de la Mort du feu Lieutenant particulier en ce Siege, après laquelle je fis assembler les Gens du Roy & Presidiaulx de ceste Ville, ensemble les Maire & Consuls dycelle, & pour la pluspart des Voix en y eut trois entre aultres nommez, comme est contenu par le Procès verbal là-dessus faict, que jay envoyé à Monsieur vostre Chancellier, luy donnant par mesme Moyen Advertissement, comme je fais à Vostre Majesté, combien Maistre Guillaume Gravier, Advocat ancien au-dit Siege Presidial, sont plus de vingt Ans, avec grand Honneur & Reputa-

putation, nayt esté nommé par si grand
Nombre que les aultres, toutesfois,
pour sa Preudhommie & Valeur, je vous
responds, Sire, que je nen cognois &
sçache ung seul plus capable & suffisant
pour vous faire Service en ceste Charge. Il est fort Homme de Bien & affectionné à vostre Service, auquel je
lay employé & employe ordinairement.
Je vous supplie doncques, quil soit preferé à tout aultre ; vous asseurant de
tout ce que je puis de sa-dite Valeur &
Integrité. Monsieur de Neufvic, &
aultres Gentils-Hommes de ce Pays de
vostre Suitte, vous en rendront certain & pareil Tesmoignage.

Le Seigneur de la Vauguyon ma
envoyé le Seigneur de la Rouda-
raye me dire, quil s'en vient, avec
toutes les Forces quil peut, me
trouver ; vous asseurant, Sire, quil
nest point paresseux à monter à Cheval, quand quelquun luy mande pour
vostre Service : & si Monsieur de Ruffec vient, ou nous envoye de ses Forces, vous oyrez dire avant quil soit
long-temps, que nous nous ferons bien
battus. Jay pareillement adverty le Seigneur Comte de Ventadour, lequel
ma mandé quil employera toutes ses
For-

Forces & Moyens pour obvier aux
Deffeins des Ennemis, & que sil eft
befoing, il fe viendra joindre à nous.
A ce que je puis voir & oyr dire, il a
bonne Volunté à voftre Service; vous
affeurant, Sire, que les principaux
Seigneurs de ce Pays, tant de-çà que
de-là la Dordoigne font fort affectionnez à voftre Service, pour lequel il vous
plaira me commander, & ferez obey
dauffi bon Cœur, que je prie le Createur, Sire, quil veuille maintenir voftre Grandeur en toute Profperité très-
longue & très heureufe Vie.

De Perigueux , le xxij. de Mars
1575.

LETTRE CVIII.

DU SEIGNEUR DE BOURDEILLE A LA REYNE-MERE,

escripte le 22 de Mars 1575.

MADAME,

JENVOYE ce Gentil-Homme present Porteur devers Vos Majeſtez, pour vous faire entendre les Affaires de ce Pays, qui vont fort mal, comme vous pourrez voir par la Lettre que jeſcrips à Sa-dite Majeſté ; & ſi ny mettez Ordre de bonne heure, je vois ce Pays icy en Dangier deſtre perdu. Il y a long-temps, Madame, que jay prevenu tout cecy, vous en ayant adverty ſouventesfois, tant du vivant du feu Roy, que de ceſtuy-cy. A ceſte Cauſe, je vous ſupplie très-humblement y mettre quelque bon Remede. Quant à moy, je ne puis obvier aux Deſſeins des Ennemis, veu le peu de Forces & Moyens que jay :

ayant

ayant demeuré icy ung An, fans aulcune Ayde que de mes Amys & de mon Bien, à quoy je ne puis plus fournir.

JE vous ay cy-devant adverty de la Mort du Lieutenant de cefte Ville. Si vous mettez fon Eftat en Finance, je vous fupplieray très-humblement en faire pourvoir Guillaume Gravier, qui eft Advocat en cefte Ville, il y a vingt Ans, Homme de Bien & d'Honneur, & dung grand Sçavoir, me fervant ordinairement de fon Confeil pour le Service de Vos Majeftez : vous affeurant, Madame, que sil neftoit point tel, je ne vous le manderois pas.

Vous adviferez ce quil vous plaira me commander pour voftre Service, & ferez obeye de poinct en poinct fort fidellement. Sur ce je prieray le Createur, Madame, vous maintenir voftre Grandeur en bonne Profperité très-longue & heureufe.

De Perigueux ce xxij. de Mars 1575.

LETTRE CIX.

DU SEIGNEUR DE BOURDEILLE
AU DUC D'ALENÇON,

escripte le 22 de Mars 1575.

MONSEIGNEUR,

ENVOYANT le Gentil-Homme présent Porteur, que bien cognoissez, devers le Roy, pour les Affaires qui se presentent en ce Pays pour son Service, comme vous pourrez voir par la Lettre que jescrips à Sa Majesté, & comme aussi ce-dit Porteur vous dira, pour la Suffisance duquel je ne vous feray plus long Discours, si-non que si vous meussiez tant aymé comme je vous ayme & honore, & que mon Service vous eust esté agreable auprès de vostre Personne, il y a long-temps que vous eussiez pu trouver Moyen dobtenir mon Congé : vous asseurant ,

Mon-

Monfeigneur, que naurez jamais ung plus fidele & affectionné Serviteur que moy, ny qui de meilleur Cœur facrifia fa Vie pour voftre Service. Et, en attendant que je le vous faffe cognoiftre par Effect quand jauray ceft Honneur deftre commandé de vous , je vous fupplieray très-humblement de le croire, & vous en affeurer. Sur ce, je prieray le Createur , Monfeigneur, maintenir voftre Grandeur en bonne Profperité très-longue & heureufe Vie.

De Perigueux , ce xxij. Mars 1575.

L E T.

LETTRE CX.

DU ROY HENRY III. AU SEIGNEUR DE BOURDEILLE,

escripte le 7 de Mars 1575.

MR. DE BOURDEILLE,

JAY entendu, tant par les deux Lettres que mavez escriptes des jx & xj du passé, que par ce que le Sr. de Perigord ma rapporté de vostre Part, tous les Advertissemens que vous me donnez, & les Desseins & Deliberations des Rebelles, & le Doubte auquel vous estes que la Noue ne se veuille joindre avec Langoyran & aultres qui sont en Perigord, craignant questans tous ensemble ils ne voulsissent surprendre quelque Place d'Importance de mon Pays de de-là, comme il est bien aysé & facile à presumer, sil ne leur estoit par vous, & ceux qui ont pareille Volunté, donné Empeschement. Mais, je masseu-

re tant de voftre Fidelité & Vigillance, avec le Zelle duquel je fçay que
tous les Gentils-Hommes de vos Quar-
tiers font pouffez en ce qui regarde
mon Service, que vous affifterez les
Srs. de la Vauguyon & des Cars, & encore quand feroit befoing, des Compaignies que le Sr. de Ruffec a auprès de luy,
quil ne fault aulcunement craindre lefdits Ennemis, lefquels, fentans telles
Forces près deux, ils fen garderont
bien den approcher. Toutesfois, vous
fçavez, quen ce Temps icy, il eft
plus de befoing que jamais de fe tenir fur fes Gardes. A quoy je fçay
que vous fçavez très-bien pourvoir,
& que vous aurez telle & parfaicte
Intelligence avec tous ceux que vous
fçaurez meftre affectionnez, que vous en
ferez fecouru & aydé lors quil en feroit
de befoing, & tellement fecondé quil
nen adviendra aulcun Inconvenient.

Jay trouvé bon, que vous ayez retenu auprès de vous le Fils du Sr.
d'Aubeterre, & du Tefmoignage que
vous me rendez de fon Affection à
mon Service, lequel je fuis d'Advis que
vous mainteniez en cefte Devotion,
& laffeurer fe prefentant l'Occafion
jadviferay de faire pour luy, & reco-
gnoif-

gnoiſtray ſes Services ſelon que je verray le meriter. Comme enſemble jay
Contentement du bon Devoir que
tient le Sr. de Beauregard pour empeſcher & rompre formellement les
Deſſeins de ces Rebelles, & ſoppoſer
à toutes leurs malicieuſes Entreprinſes,
auquel jeſcrips preſentement affin de
le faire continuer, & luy augmenter
ceſte bonne Volůnté quil a au Bien de
mes Affaires & Service.

Et pour voſtre particulier vous
vous pouvez aſſeurer, que jauray telle Souvenance de vos Services, & les
vous recognoiſtray ſi à propos, & de
Façon que vous jugerez que jay un
ſingulier Deſir de vous recompenſer
particulierement, pour ſçavoir de longue Main combien voſtre Fidelité merite. Et à tant je prieray le Createur, Monſieur de Bourdeille, quil
vous ait en ſa ſainéte & digne Garde.

Eſcript à Paris, le vij. Jour de Mars
1575.

M^R. DE BOURDEILLE,

Deſpuis la preſente, jay reçeu la
voſtre du xxv. Janvier dernier, que
vous meſcripviſtes en Faveur des Mai-

re

re & Confuls de ma Ville de Perigueux, pour lefquels je feray tout ce
quil me fera poffible pour les gratifier en leur Requefte, en fuivant mefme la Priere que vous me faites particulierement pour eux.

Ainfin figné HENRY.

Et plus bas, FIZES.

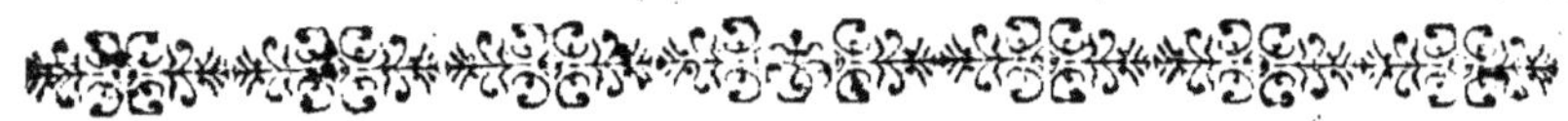

LETTRE CXI.

DU SEIGNEUR DE BOURDEILLE AU ROY HENRY III,

envoyée par le Sr. Bourgeroy, le xxjx de Mars 1575.

SIRE,

JE vous mandis par ma derniere
Depefche l'Affemblée que faifoit le
Vifcomte de Thurenne, & comment javois mandé les Srs. de la Vauguyon, des
Cars, & Pompadour, pour affembler
le plus d'Amis quils pourroient, affin
dem-

dempefcher les Deffeins des Ennemis,
& nous devons nous affembler en cefte Ville le Jour de Pafques prochain.
Le-dit Vifcomte de Thurenne a avec
luy Langoyran , Monguyon , Choup-
pes , Bonneval , Granpré , & leurs Forces , qui peuvent eftre de trois cents
bons Chevaulx & quinze cents Hommes de Pied , lefquels penfoient deffaire le Comte de Martinengue qui a
paffé en ce Pays pour aller trouver le
Sr. de Joyeufe en Languedoc par voftre Commandement : mais , il fe retira
à Terraffon ; & voyant quil ny eftoit
pas bien affeuré , je le fis venir à Montignac , en attendant que nos Forces
fuffent affemblées. Et quand le-dit
Comte a veu que nous demeurions fi
long-temps à nous affembler , (ce qui
ne fe peut faire fans Longueur , pour-
ce que la plufpart des Gentils-Hommes font de loing) , il seft hazardé de
parachever fon Voyage ; & les Ennemis ont roulé quatre ou cinq Jours
icy autour , voulant temporifer en ce
Pays , pour vivre feulement & ramaf-
fer leurs Amis & Confederez ; & font
Eftat de faire dans le douziefme de ce
Mois une Armée de quinze ou dix-
huict cents Chevaux & fept ou huict

O 3

mille

mille Harquebufiers, parce que le Vifcomte de Gourdon , la Noue , Sevi-
guar, Vivans , & aultres , fe veulent
joindre à eux , qui les renforceront
de beaucoup : & fuis adverty , quils
ont Entreprinfe fur les Villes & Fortereffes de ce Pays , & tafchent à fur-
prendre quelque chofe sils peuvent;
mais, voyant que vos Forces sappro-
chent, ils fe font retirez devers Bergerac , & paffent de-là la Dordoigne
pour saffembler.

QUANT au Sr. Marefchal de Montluc, je lay adverty de tout par deux
fois, & lay fupplié de fe mettre en Campaigne; mais, il ma fait Refponfe, quil
na point de Cavallerie, ayant efté contraint de les congedier, parce quil y
a deux Ans quils nont reçeu un feul
Denier. Je luy ay encore fait une
aultre Recharge, par laquelle je luy
ay mandé comment les-dits Srs. de la
Vauguyon, des Cars de Pompadour ,
& moy , avions deliberé de nous joindre ; & que sil vouloit venir , il trouve
roit en nous toute Obeyffance & Servitude. Jen ay autant mandé au Sr.
de Biron, lequel ma efcript, quil fait
acheminer fa Compaignie, pour nous
venir trouver , & quil eft neceffaire
que

que tous vos bons Serviteurs saſ
ſemblent, pour soppoſer aux Deſſeins
des Ennemis; vous aſſeurant, quils ont
de grandes Entreprinſes. Par-quoy je
vous ſupplieray très - humblement ,
Sire, dy vouloir penſer ; car , je
crains bien quil nous adviegne de
grands Affaires , ſi en brief Voſtre
Majeſté ny met Remede: maſſeurant,
quil y a beaucoup de Gens en voſtre
Pays de Guyenne, qui callent Voyle,
voyant le peu de Cas que vous faites de voſtre Guyenne. Quant à moy
je dis bien, que ce qui cauſe tant
de Longueur en cecy, eſt l'Eſperance
que vous avez de faire une bonne
Paix.

A ce que je puis entendre, leſdits
Ennemis veulent faire comme fit le
feu Admiral, qui eſt daſſembler tout
ce quils pourront en ce Pays , pour
saller joindre au Prince de Condé
ſur la Fin de May ; & , cependant ,
veulent ravager ce Pays icy, & forcer quelque Place sils peuvent. Mais,
pour obvier à tout cela, il me ſemble quil ny a meilleur Moyen, que de
nous envoyer un grand Seigneur de
par-deçà, pour nous commander à
tous; car, vos Forces ſont aſſez baſ-

O 4

tantes

tantes pour les combattre. Le - dit Sieur de Ruffec nous envoye les Reyſtres, avec le Regiment de Brichanteau. Voilà tout ce qui ſe paſſe de par-deçà pour le preſent. Incontinent que nous ferons enſemble, je vous feray entendre noſtre Reſolution.

J'AVOIS envoyé devers voſtre Majeſté demander l'Eſtat de Lieutenant particulier de ce Siege, en Recompenſe des Fraix que je fais icy pour voſtre Service. Je ne ſçay ſi le m'avez donné, ſi-non je vous aſſeure, que je ny puis plus ſatisfaire. Le Cœur y eſt fort bon, & ne manquera jamais en Choſe qui touche voſtre Service; mais, les Moyens sen font allez. Car, comme vous ſçavez très-bien, deſpuis le Commencement de toutes ces Guerres Civiles, jay tousjours ſervy à mes Deſpens. Vous ſuppliant très-humblement y avoir quelque Eſgard.

JE vous priois auſſi que Gravier, qui eſt Advocat au-dit Siege, fuſt preferé au-dit Eſtat Lieutenant particulier en payant Finance; vous aſſeurant, quil eſt fort Homme de Bien & de grand Sçavoir, comme le Sr. de Neuf-

vic

vic vous tefmoignera. Quant au Faict d'Aubeterre, dont il vous pleuft nous efcripre dernicrement que je vous portiffe ce qui feroit neceffaire pour la Garnifon du-dit Lieu , quand jirois devers Voftre Majefté. Mais, parce que je ny puis aller fi-toft que je vouldrois bien , je vous envoye les Memoires bien amples , quil vous plaira monftrer à voftre Confeil, fçavoir sil eft neceffaire que jaye Lettres Patentes pour la Garde du-dit Chafteau , & Payement de la Garnifon dycelluy ; car, aultrement, on ne me le veult donner : & vous fçavez de quelle Importance eft le-dit Chafteau , tant pour le Bien de voftre Service que du Pays.

Le Sr. de Raftigniac vous fait Refponfe à la Lettre quil vous a pleu luy efcripre, & ma affeuré quil fe continuera tousjours en voftre Service. Sur ce, je prieray le Createur, Sire , quil maintiegne voftre Grandeur en toute Profperité très-heureufe , & très-longue Vie.

De Perigueux , ce xxix Jour de Mars 1575.

LET-

LETTRE CXII.

DU SEIGNEUR DE BOURDEILLE AU ROY HENRY III,

envoyée par le Sr.　de la Sayete, le . . . .

SIRE,

SELON l'Advertiſſement que jay fait aux Srs. de la Vauguyon, des Cars, & de Pompadour, leur faiſant entendre, que le Viſcomte de Thurenne ſeſlevoit pour ſe joindre à Langoyran & aultres de la Religion, comme il a fait, & les priois daſſembler le plus de leurs Amis quils pourroient, pour obvier à leurs Deſſeins; ce quils ont fait, & me ſont venus trouver avec une belle Trouppe de Gentils-Hommes voluntaires: & puis dire, que je nen ay jamais veu une telle, pour eſtre levée ſi ſoudainement; deſirant tous enſemble de faire un bon Service à Voſtre Majeſté.

LE Seigneur de Ruffec a envoyé les
Reyſ-

Reyftres, le Regiment de Brichanteau,
& les Chevaulx-legiers au Seigneur de
la Vauguyon. Nous fommes tous affemblez à Saint - Aftur dès Jeudy dernier, & paffé la Riviere au - dit Lieu,
& nous fommes tous mis en Battaille
près ycelle, & nous fommes trouvez
cinq cents bons Gentils-Hommes voluntaires, fans les Reyftres , & mille
ou douze cents Harquebufiers ; là-où
les fufdits Srs. mont tant honoré que
de meflire pour Chef, eftant en mon
Gouvernement. Vos Ennemis ayant
fçeu noftre Deliberation, que ceftoit
de les combattre, ont paffé à Bergerac
la Riviere de Dordoigne, & font à quatre Lieues par de-là ycelle , où ils
attendent daultres Forces. Ils ont le
Pont à Commandement pour paffer la-
dite Riviere de Dordoigne, quand ils
veulent ; & de nous , nous n'en avons
point, ny Moyen den pouvoir faire.

Jay adverty Meffieurs le Marefchal
de Montluc, & le Sr. de Biron, pour
eftre de la Partie , comme javois
fait lorfque jen baillois l'Advertiffement aux fufdits Srs. des Cars , de
la Vauguyon, & de Pompadour. Nous
avons pareillement depefché devers
Meffieurs de la Court de Parlement

de Bourdeaux & Monsieur de Mont-
ferrant, pour nous ayder de Gens de
Pied, d'Artillerie , & d'Admonition ,
affin de leur oster de petits Forts
quils tiennent, ou les attirer au Com-
bat ; pour ce que ceste Trouppe ne soit
point inutile à vostre Service , qui
est aysée à se rompre : car, vous sçavez, Sire , que telles Gens ne demandent pas à demeurer longuement aux
Champs sans rien faire. Par-quoy, il
vous plaira, Sire, **y** donner Ordre ,
& nous envoyer un Grand pour commander , car , aultrement, je vois ce
Pays perdu, parce quil y en a beaucoup qui pensent que vous ne faites
plus Compte de vostre Guyenne. Et
sans ceste Assemblée , je pense bien
quil **y** en eut eu plusieurs qui se fussent refroidis , & neussent dit Mot, &
daultres qui eussent tenu le Party du-
dit Viscomte de Thurenne, lequel eust
fait beaucoup de Ravage. Voilà le
Service que vous peut avoir fait ceste
Assemblée , qui me semble nestre pas
peu de chose.

Hier le-dit Sr. Mareschal de Mont-
luc me manda quil se mettoit aux
Champs avec cinquante ou soixante
Chevaux de la Compaignie du Sr. Ad-

mi-

miral, & celles de fon Fils & de fon Gendre, lefquelles ne font pas encore preftes, & le-dit Seigneur de Clermont avec quelques Forces quil a en Quercy pour nous joindre enfemble. On me mande auffi, que je faffe faifir les Deniers du Taillon de mon Gouvernement, ce que jay fait, qui ne sen peut monter pour le Quartier paffé quà mille ou douze cents Livres, au lieu quon en devoit pour Quartier trois mille quelques Livres ; mais, les Deniers ne peuvent eftre levez pour la Pouvreté du Pays. Quant à la Taille en Ordre, elle a efté payée en voftre Generalité de Bourdeaux.

Je vous peux dire, que les Srs. de la Vauguyon & des Cars font fort affectionnez à voftre Service. Nous deliberons tous de trouver Moyen de paffer la Riviere de Dordoigne, pour les aller combattre, fi Meffieurs de Bourdeaux, & le Sr. de Monferrant, nous en donnent la Commodité ; car, fans eux, nous ne pouvons rien faire.

Voyla' les Affaires qui fe prefentent pour cefte Heure : & ne fe prefentera Occafion qui merite de vous

O 7

escripre

escripre que je nen advertiſſe Vos Majeſtez. Et cognoiſſant l'Affection que le Sr. de la Sayete, Doyen de Poictiers, a à voſtre Service, je lay prié d'aller devers voſtre Majeſté, pour vous faire entendre bien amplement tous voſdits Affaires. Il vous plaira, Sire, commander quil ſoit payé de ſon Voyage. Quant aux Sieurs de Raſtigniac, ils ſont tous trois avecques moy, avec fort bonne Volunté de ſe continuer en voſtre Service. Sur ce, je prieray le Createur, Sire, quil maintiegne voſtre Grandeur en toute Proſperité très-heureuſe & très-longue Vie.

De Perigueux, ce . . . . . , . .

LETTRE CXIII.

DU SEIGNEUR DE BOURDEILLE A LA REYNE-MERE,

envoyée par le Sr. de la Sayete,
le . . . . . .

MADAME,

JAY prié le Seigneur de la Sayete, Doyen de Poictiers, que bien cognoiſſez, daller devers Vos Majeſtez, pour vous faire entendre l'Aſſemblée que jay faite avec les Srs. des Cars, de la Vauguyon, de Pompadour, & d'Argence, que je vous puis dire navoir jamais veu une plus belle Trouppe de Nobleſſe, pour avoir eſté miſe ſi-toſt enſemble ; car, nous ſommes bien cinq cents Gentils-Hommes tous de bonne Volunté & preſts pour semployer pour voſtre Service : vous aſſeurant, Madame, que la-dite Aſſemblée na pas eſté inutile au Service de Voſtre Majeſté ; car, quand ne ſeroit quavoir

rom.

rompu les Deſſeins de vos Ennemis, &
empeſcher que le Viſcomte de Thurenne ne leur menaſt tant de Gens quil
euſt fait, me ſemble que cela n'eſt pas
peu de Choſe. Et ſi nous avions quelque Grand pour nous commander en
ce Pays, vos Affaires ſe porteroient
mieulx quils ne font : & crains bien
que ces Pays ſen vont perdus, ſi on
nen tient aultre Compte, pour des
Raiſons que jeſcrips amplement au
Roy, comme vous pourrez voir. Par-
quoy, Madame, il vous plaira y mettre Ordre, & auſſi faire payer le Voyage du Sr. de la Sayete. Je vous ra-
menteray icy, que le Sr. de la Vauguyon eſt bien fort affectionné, &
prend beaucoup de Peyne au Service
de Vos Majeſtez, combien il aye
peu d'Occaſion de sy affectionner tant.
Je ne fauldray vous advertir de tout
ce qui ſe paſſera & adviendra touchant
les Affaires de voſtre Service. Sur ce
je prieray le Createur, Madame, vous
maintenir voſtre Grandeur en toute
Proſperité très-longue, & très heureuſe Vie.

De Perigueux, ce . . . .

LET-

LETTRE CXIV.

DU ROY HENRY III. AU SEIGNEUR DE BOURDEILLE,

envoyée par la Beylie, le 31 de Mars 1575.

M^R. DE BOURDEILLE,

JAY veu bien particulierement les Advis que vous me donnez des Desseins & Deliberations daulcuns mes Ennemis & Rebelles, qui sont du Cousté de de-là, ensemble de leurs Forces, & le Desir quils avoient dattaquer & surprendre, sil leur estoit possible, le Comte Martinengue. Mais, je masseure tant de la Devotion que vous avez à mon Service, & à la Conservation de ceux que vous cognoissez mettre fideles, & affectionnez, comme il est, que vous aurez employé tous les Moyens que vous aurez eu pour le secourir, & que vous aurez esté assisté des Sieurs de la Vauguyon

guyon & des Cars , comme vous mefcripvez les en avoir advertis.

ET dautant quil eſt neceſſaire pour le
Bien & Utilité de mon Service , & la
Conſervation de mon pouvre Peuple,
de pourvoir & remedier aux Entreprinſes que les-dits Rebelles pourroient faire au Prejudice de mon-dit
Service, meſmes à preſent que le Viſcomte de Thurenne eſt joinct avec eux,
jay adviſé de vous eſcripre expreſſement la preſente , pour vous prier,
Monſieur de Bourdeille , en continuant la meſme Fidelité & Affection
que vous avez tousjours eue à l'Augmentation & Grandeur de ceſte Couronne & de mes bons & loyaulx Subjects , vouloir le plus promptement &
diligemment quil vous ſera poſſible, aſſembler le plus de Forces que vous
pourrez , pour avec celles que les-dits
Srs. de la Vauguyon & des Cars pourront auſſi avoir de leur Couſté , vous
acheminer incontinent avec eux droit
à la Ville de Marteil , où l'on ma adverty , que le-dit Viſcomte ſeſtoit retiré avec toutes ſes Trouppes ; & tous
enſemble , avec mon Couſin le Mareſchal de Montluc , les Srs. de Biron
& de Ruffec , auſquels jeſcrips auſſi

ſi preſentement , le combattre , &
deffaire , & tailler en Pieces tous
ceux qui ſe trouveront avec luy , &
le prendre Priſonnier ſi faire ſe peut :
eſperant que l'Execution en ſera telle
que je la deſire , & qui eſt requis pour
le Bien de mes Affaires.

Vous voulant auſſi bien advertir ,
que le Sieur de Ruffec ma eſcript ,
que dautant que le Chaſteau d'Aubeterre eſt de grande Importance ,
& que nonobſtant que vous y
ayez mis un Gentil-Homme pour
le garder , duquel je maſſeure que
vous avez entiere Confiance , & que
vous ne luy en auriez donné la Charge ſans eſtre bien aſſeuré de ſa Fidelité ; néanmoins, parce que ceſt dans
ſon Gouvernement , & que jay ordonné que chaſcun me reſpondra de
tous ceux quils auront commis és
Places qui ſont de leur Charge , je ſuis
d'Advis , que vous mettiez hors tout
doulcement celuy qui eſt à preſent ,
& le remettre és Mains du-dit Sr. de
Ruffec, pour y commettre tel quil
verra bon eſtre, & duquel il ſe rendra reſponſable ; ainſi que de voſtre
Part vous adviſerez den faire le ſem-
blable à tous les Lieux & Places dont
je

je vous ay donné la Charge, affin que toutes Chofes foient fi bien eftablies dun Coufté & daultre, quil nen puiffe advenir Inconvenient.

NE me reftant plus à vous faire Refponfe que fur deux Poincts dont vous me requerez par voftre Lettre, qui eft pour reformer voftre Commiffion, & pour gratifier en voftre Faveur celluy dont vous mefcripvez pour l'Office de Lieutenant particulier au Siege de Perigueux, à quoy jadviferay de vous fatisfaire, enforte que vous aurez Occafion de vous contenter. Et fur ce je prieray le Createur vous avoir, Monfieur de Bourdeille, en fa faincte & digne Garde.

Efcript à Paris, le xxxj. Jour de Mars 1575.

Ainfin figné HENRY.

Et plus bas, FIZES.

LETTRE CXV.

DU ROY HENRY III. AU SEIGNEUR DE BOURDEILLE,

escripte le 23 d'Apvril, & reçeue le 4 de May 1575.

M^R. DE BOURDEILLE,

Vous mavez rendu tant de suffisantes Preuves de l'Affection que vous portez à mon Service, quen toutes Occasions je me sens asseuré que vous vous y employerez de tout voftre Pouvoir. Qui sera que maintenant je ne vous feray longue Lettre pour vous prier de tenir la Main, & vous employer, pour que l'Assemblée, qui seft faicte par de-là de tant de Gens de Bien, ne se rompe sans faire quelque bon Effect, & que, pour le moins, si le Vifcomte de Thurenne ne se peut combattre comme je le desire, vous advisiez dailleurs à faire quelque aultre Entreprinse digne dune si belle Assemblée. Priant Dieu,

Mon-

Monſieur de Bourdeille , vous avoir en ſa Garde.

Eſcript à Paris , le xxiij. d'Apvril 1575.

Signé HENRY.

Et plus bas, DE NEUFVILLE.

Et à la Subſcription,

A Monſieur de Bourdeille , Chevallier de mon Ordre, Conſeiller en mon Conſeil privé, & Seneſchal de Perigueux.

LETTRE CXVI.

DU SEIGNEUR DE BOURDEILLE AU ROY HENRY III,

envoyée par le Scindic, le 29 de May 1575.

SIRE,

JE vous escripvis par le Doyen de Poictiers comment le Sr. de Rastigniac & ses Freres estoient venus avec moy à ceste Assemblée que jay faite, bien accompaignés pour semployer à vostre Service ; &, cependant, un Prestre, qui pretend quelque Droit en l'Abbaye de la Chastre, sest emparé de la dite Abbaye à la Faveur des Peyraux, dans laquelle estoient tous les Meubles & Vivres dudit Sr. de Rastigniac, lesquels le-dit Prestre sest approprez, & mis la Femme du dit Sr. de Rastigniac hors de la dite Abbaye, lesquels Meubles & Vivres il estime de quinze à vingt mille Livres, sans comprendre beaucoup daultres Meubles & Vivres que les pouvres Gens de là au-

tour

tour avoient ferré dans la-dite Abbaye, dans laquelle le-dit Sr. de
Raftigniac ne fe fuft mis, neuft efté
quil vous pleuft la luy faire donner au
feu Roy voftre Frere, & defpuis vous-
mefine luy en avez confirmé le Don,
en Recompenfe des Services qu'ils ont
faits à Voftre Majefté. Auffi la Reyne voftre Mere luy efcripvit une Lettre, & luy manda quil gardaft bien
la-dite Abbaye en attendant voftre Venuë : & tout le Mal quil a eu en fes
Biens & Maifons eft pour eftre fidele
Serviteur à voftre Couronne, parce
que, après la Battaille, que vous ga-
gnaftes à Montcontour, & que vous
euftes chaffé le Refte de l'Armée de
vos Ennemis, ainfi quils pafferent
en ce Pays pour sen aller en Languedoc, & eftans près de la Maifon du-
dit Seigneur de Raftigniac, il affembla
beaucoup de fes Amis, & en deffit
plufieurs ; & quelques Grands de vos
Ennemis de ce Temps-là, qui y eftoient lors, prindrent le-dit Sr. de
Raftigniac en Hayne pour cefte Occafion, & pour ce quil affectoit voftre
Service contre eux, & ont efté Caufe du Mal quil a reçeu en fes Biens.
TOUTESFOIS, Sire, pour cela il na
eu

en rien amoindry l'Affection quil a à voftre Service, comme je le puis bien cognoiftre : car dès le Commencement de ces Guerres, que jay fait plufieurs Affemblées, il eft tousjours preft des premiers avec bonne Trouppe, comme la Reyne voftre Mere pourra tefmoigner; car, je luy ay efcript plufieurs fois le Devoir que les Srs. de Raftigniac faifoient par de-çà.

Toutes Chofes confiderées, Sire, je vous fupplie très-humblement de luy faire Raifon, & luy octroyer ce quil vous demande, tant par Requefte, que par une Lettre quil vous efcript; car, ceft une Chofe fort raifonnable : & il saffeure tant de voftre Bonté, & de la Promeffe que luy avez faite, que vous luy continuerez le Don de la - dite Abbaye ; aultrement, le pouvre Gentil-Homme a tout perdu, & na aulcun Moyen de vous faire Service. Vous fçavez quon dit par commun Proverbe, qui perd le fien perd le Sens; & nous fommes en un Temps que nous ne fommes guiéres fages. Et fa Partie eft de fi bas Eftat, que luy ny les fiens ne feirent jamais Service à voftre Couronne ; &, au contraire, le-dit Sr. de Raftigniac

& ſes Freres ſont Gens de Maiſon, & ont Moyen de vous faire Service : & ſi vous luy continuez ce Don , vous ferez cognoiſtre à un chaſcun le Deſir quavez de gratifier vos bons Serviteurs. Par-quoy je prie très-humblement Voſtre Majeſté, que ſa Requeſte ſoit interinée en ma Faveur. Il ma auſſi dit, que vous eſtant devant la Rochelle luy deffendiſtes de ne demander rien au Peyraux, qui eſt lune de ſes Parties, à quoy il vous reſpondit quil obeyroit; & que le-dit Peyraux eſtoit party le Jour que le-dit Comte Mongommery arriva là.

Il vous plaira mander en brief voſtre Volunté, affin dobvier aux Querelles qui ſen pourroient enſuivre à lever les Fruiᷓs de la-dite Abbaye ceſte Année. Sur ce, je prieray le Createur, Sire, quil maintiegne voſtre Grandeur en toute Proſperité très-heureuſe & très-longue Vie.

De Perigueux , ce xjx de May 1573.

LET-

LETTRE CXVII.

DU SEIGNEUR DE BOURDEILLE
A LA REYNE-MERE,

escripte le 29 de May 1575.

MADAME,

Je vous ay mandé plusieurs fois, &
au feu Roy, la Continuation que le
Sr. de Rastigniac & ses Freres font à
vostre Service durant ces Guerres,
mayant tousjours accompaigné avec une
belle Trouppe quand je leur ay mandé: & mesme à la derniere Assemblée
que jay faite, eux estant avec moy
pour vostre Service, celluy, qui pretend Droit en l'Abbaye de la Chastre,
sen alla de Nuict dans la-dite Abbaye
avec certain Nombre de Soldats en
Armes, & auroit mis hors dycelle la
Femme & Famille du-dit Sr. de Rastigniac & prins tous les Vivres & Meubles quil avoit en la-dite Abbaye, quil

P 2 estime

eſtime de quinze à vingt mille Livres.

IL avoit pleu à Voſtre Majeſté de
luy eſcripre & commander, après la
Mort du feu Roy voſtre Fils, quil ſe
miſt dans la dite Abbaye, & quil la
gardaſt bien en attendant la Venuë
du Roy, ce quil fit. Et auſſi le feu
Roy la luy avoit donnée, & ceſtuy-cy
la luy a confirmée. Vous ſuppliant
très-humblement, Madame, luy vouloir faire continuer le-dit Don en ma
Faveur, & luy faire octroyer ſa Requeſte qui eſt très-raiſonnable. Et,
en ce faiſant, vous ferez cognoiſtre
le Deſir quavez de gratifier vos bons
Serviteurs, meſmes ceux qui ne flef-
chiſſent point comme je maſſeure de
ceux-là. Et tous les Maulx quils ont
eu en leurs Biens, font advenus pour
eſtre fideles Serviteurs à la Couronne.

JEN eſcrips plus amplement au Roy,
comme vous pourrez voir, & auſſi,
comme lon vous fera bien au long entendre. Par-quoy, je ſupplie très-
humblement Voſtre Majeſté encore un
Coup de luy faire octroyer ſa Requeſte
en ma Faveur. Sur ce, je prieray le
Createur, Madame, quil maintiegne
voſtre

voftre Grandeur en toute Profperité très-heureufe & très-longue Vie.

De Perigueux , ce xjx. de May 1575.

LETTRE CXVIII.

DU SEIGNEUR DE BOURDEILLE AU ROY HENRY III,

envoyée par le Scindic , le 29 de May 1575.

S I R E,

JE vous fis une Depefche dernierement par le Sr. de la Sayette , Doyen de Poictiers, par laquelle vous avez pu entendre la belle Affemblée que javois faite en ce Pays avec Meffieurs des Cars, de la Vauguyon , & de Pompadour, & la grande Nobleffe que nous avions mife enfemble, avec Deliberation de paffer la Dordoigne ,

P 3

pour

pour fuivre le Vifcomte de Thurenne
& fes Trouppes; ce que nous fifmes,
& le contraignifmes de fe retirer vers
Montauban, où il a eu la petite Ve-
role, & veut aller trouver le Marefchal Damville en Languedoc: & nous
allifmes trouver le Sr. Marefchal de
Montluc à Mouchard en Agenois, où
pareillement eftoit le Sr. de Biron &
plufieurs aultres Seigneurs, là où tous
enfemble priafmes le Seigneur de Pompadour daller devers Voftre Majefté,
pour vous faire entendre la Deliberation qui fut faicte là entre nous. Je
penfe quil vous aura fait entendre le
tout bien au long.

Le-dit Sieur de la Vauguyon & moy
nous en retournafmes , & penfions
laiffer le Regiment de Brichanteau, la
Cavallerie-legiere, & les Reyftres ,
de de-là la Dordoigne: mais, ils nont
jamais voulu demeurer, voyant quils
navoient Moyen davoir des Vivres ,
& que perfonne nen vouloit donner;
mefmes que Meffieurs de Bourdeaux
ne leur en pourroient fournir jufqu'au quinziefme ou vingtiefme de ce
Mois. Queft Caufe que nous avons
paffé de de-cà la Riviere de Dordoigne

gne en mefme Lieu que nous lavions paffée , pour faire rendre aufdits Reyftres le Bagage quils avoient laiffé à Libourne. Et le-dit Sr. de la Vauguyon, qui conduifoit les-dits Reyftres, pria le Baron de Valhiac de les prendre en fa Charge ; ce quil a fait, comme le-dit Sieur de la Vauguyon vous efcript bien amplement par un Gentil-Homme quil envoye exprès devers Voftre Majefté. Quant à moy , je men fuis revenu en mon Gouvernement, ne vous ayant la-dite Affemblée pu fervir daultre Chofe : vous affeurant, Sire, que fi nous euffions eu de l'Artillerie & Munition, nous euffions prins beaucoup de petits Forts qui font de de-là de la Riviere de Dordoigne. Mais , je vous diray fur cela, que je vois une grande Partie de la Nobleffe de ce Pays fort degouftée , pour le peu de Compte que vous faites de voftre Guyenne, & le peu d'Ordre quil y a en ce Pays. Tellement que je crains bien, fi la Guerre dure davantage, que vos Affaires sy porteront très-mal , à Faulte denvoyer quelque grand Perfonnage pour commander, comme je vous ay efcript plufieurs fois.

P 4

Quant

QUANT au Sr. Marefchal de Montluc, il a une grande Affection à voftre Service; mais, certes, il neft plus tel quon la veu, à caufe de fa Vieilleffe, ainfin quil dit luy-mefme. Et fi vous nous envoyez quelque grand Perfonnage, il vous plaira mander aux Seigneurs de ce Pays de laffifter, & vous trouverez grande Nobleffe qui fe mettront en Campaigne : & vous affeure, que voftre Service, enfemble tout le Pays, en vaudra beaucoup mieulx. Jay dit au-dit Sr. Marefchal , que javois fait lever en ce Pays cinquante Chevaulx-legiers, lefquels jay entretenus l'Efpace de trois Mois au mieulx que jay pu ; le priant de me donner des Moyens & Argent pour les entretenir. Mais , il ma refpondu , quil nen avoit point. A cefte Caufe , jay congedié les-dits Chevaulx-legiers , & fuis à prefent fans aulcunes Forces ; nayant Moyen dempefcher que Langoyran ne faffe la Recolte de tout ce quil voudra en ce Pays.

QUANT à moy, je ne puis plus faire les Affemblées de la Nobleffe, comme jay fait fouventes fois defpuis quinze Mois : non pas à Faulte de bonne Volunté

lunté, mais à Faulte de Moyens. Parquoy, Sire, je supplie très-humblement Voftre Majefté y avoir Efgard. Et fi de Fortune il advient quelque Accident en ce Pays, ne vous en prenez à moy. Il vous plaira efcripre aux Seigneurs de ce-dit Pays, qui mont tousjours tenu Compaignie, & les remercier de la bonne Volunté quils ont à voftre Service, en attendant que l'Occafion fe prefente de les gratifier.

Je vous ay cy-devant mandé par le Sr. de la Beylie comment la Commiffion des fix cents Hommes de Pied, ordonnez pour la Garde de ce Pays, eftoit expirée dès la Fin du paffé ; à quoy vous me fiftes Refponfe que vous y mettriez Ordre. Je ne fçay pas que je doibs faire en cela ; car, avant que men ayez envoyé une, & que les Deniers foient levez, je crains bien que lefdites Garnifons me laiffent, parce que le Temps courra de plus de deux Mois.

En tout ce Pays d'Agenois, il neft que parlé du Sr. de Loufun, lequel fait bien la Guerre aux Ennemis, & vous eft fort affectionné Serviteur. Quand jay efté icy de Retour, les

P 5

Regi-

Regimens de Buſſy & Laverdin ſont
venus en mon Gouvernement, leſquels
mont monſtré une Lettre que vous
leur eſcripvez, par laquelle vous leur
commandez daller trouver le-dit Sr.
Mareſchal : mais, je crains bien quil
ne les recepvra pas, parce que dernierement, à l'Aſſemblée que nous
fiſmes au-dit Mouchard, il ne voulut
point recepvoir le Regiment de Brichanteau, comme le-dit Sr. de Pompadour vous aura pu dire ; lequel
Regiment na pas enſuivy ce que le Sr.
de la Vauguyon & moy avions ordonné, qui eſt de repaſſer l'Iſle , &
aller avec les Reyſtres & Chevaulx-
legiers , en attendant que les Vivres
& l'Artillerie de Bourdeaux fuſſent
preſts, ainſin que nous donniſmes
Charge au Procureur-Général de voſtre Court de Parlement au-dit Bourdeaux, qui vous eſt fort affectionné
Serviteur. Et, à ce que je puis voir
par une Lettre que le-dit Procureur-
Général ma eſcripte , tout eſt preſt :
lequel ma auſſi envoyé une Copie des
Lettres que le-dit Sieur Mareſchal eſcript, tant au dit Procureur-Général
que aux Srs. de Monferrant & de
Gour-

Gourgues, desquelles je vous envoye une Copie, par laquelle vous pouvez cognoistre l'Eloignement quon donne aux Affaires de vostre Service.

DESPUIS la Prinse de Lusignan, vous avez tousjours eu à la Campaigne environ quinze cents Chevaulx, & quatre Regimens de Gens de Pied, qui nont de rien servy que de manger vostre pouvre Peuple jusquaux Os, à Faulte de quelque grand Personnage, qui commandast absolument : & quand en eussiez envoyé ung, je masseure que vos Ennemis eussent parlé à ce Traité de Paix plus doulcement quils ne font.

JENVOYE le Scindic de ce Pays devers vous, avec des Instructions pour vous faire entendre bien au long les Affaires du-dit Pays. Il ma tousjours suivy à ceste derniere Assemblée, & vous est fort affectionné Serviteur. Vous suppliant très-humblement, Sire, luy donner Audience, & me faire Response ausdites Instructions, affin que jobeysse fidellement à vos Commandemens, & vous plaise me donner Moyen de demeurer icy : aultrement, je supplie très-humblement Vostre Majesté

jesté

jefté de me donner Congé, affin que
je vous aille baifer les Mains, & fervir Monfieur voftre Frere moy-mefme.
Vous plaife auffi depefcher le-dit Scindic le pluftoft quil fera poffible ; car,
fa Prefence fert de beaucoup en ce Pays.

SUR CE, je prieray le Createur ,
Sire, quil vous maintiegne voftre
Grandeur en toute Profperité très-heu-
reufe & très-longue Vie.

De Perigueux, ce xjx. de May 1575.

CXIX. INSTRUCTIONS

ET MEMOIRES,

*envoyés au Roy Henry III, par le Scin-
dic du Pays de Perigord, le 29 de
May 1575.*

FAULT remonftrer au Roy la Pouvreté de ce pouvre Pays de Perigord, ayant efté affiegé des Guerres
Civiles defpuis quatorze Ans, & mefmes puis le Mois de Febvrier mille cinq
cents foixante & quatorze, & reduit à

une

une telle Pouvreté & Mifere, que fi Sa Majefté nen a Pitié & ny pourvoife, par quelque bon Moyen, les Habitans du dit Pays feront reduicts à quitter leurs Maifons & Familles, pour navoir plus Moyen y refifter, eftant la pluf-part bruflées & renverfées, & facca-gées, par ceux qui ont prins les Armes contre fon Service.

QUIL luy plaife, en Contemplation des-dites Pertes & Ruynes, leur re-mettre les Tailles, tant ordinaires, quextraordinaires, tant du Paffé que de l'Année prefente.

DE l'Inegalité des Tailles qui fe fait aux Defpartemens qui fe font au Con-feil privé, fans appeller les Generaux des Finances.

DES Deniers extraordinaires impo-fez fur le Pays pour avoir Commiffion de faire rendre Compte, & comment que les Eftats en furent verifiez par Mr. le Prefident Tambonneau.

DU Faict des Exactions que plufieurs Perfonnes de ce Pays ont obtenu du Roy, & fe font encore journellement.

DU Faict & Entretien des Gens de Pied foubs le Commandement de Mr. le Senefchal, & fupplier Sa Majefté

P 7

den-

dentretenir les-dites Garnisons , &
oultre ce bailler cinquante Hommes
d'Armes pour la Tuytion & Défense
du dit Pays.

Du Faict de ceux qui ont Commission particuliere pour garder leurs Maisons , se voulant exempter de la Con-
tribution gencrale.

Du Faict des Habitans de Montra-
vel pour estre faicts declarez exempts
de la Subvention , & les contraindre
& pourfuivre expreffement.

PERMISSION du Roy pour affembler
les Eftats de Perigord, tant pour
pourvoir aux Affaires qui se prefentent, que pour faire rendre Raifon au
Scindic de fa Charge pendant fon
Adminiftration.

POUR le Rembourfement des Em-
prunéts de l'Année mille cinq cents
cinquante-huiét; & noblier de y comprendre ceux qui ont presté, & nont
de Contraéts , ains feulement leurs
Quittances du Recepveur general Cha-
zettes.

DOBTENIR Commiffion pour efgaller
l'Eftappe qui a efté empruntée & advan-
cée aux Reyftres & aultres eftans en
l'Armée commandée par Meffieurs des
Cars,

Cars, la Vauguyon, Bourdeille, &
Pompadour, avec Authorisation de
ce qui en a esté faict par Monsieur le
Senefchal.

GENERALEMENT de faire les Pour-
fuites de ce qui a esté faict cy-devant
& ordonné par Messieurs les Deffini-
teurs des Estats, & dont il en reste à
cognoistre la Volunté du Roy.

OBTENIR Lettres du Roy sur la Re-
vocation de la Somme de quinze cents
Livres demandées fur les Villes de
Perigord, & cela pour le Voyage du
Roy de Poulogne.

DEMANDER au Roy une Compaignie
de Gens d'Armes pour contenir l'Ennemy; & fupplier Sa Majefté defcripre à Monfieur le Marefchal de Montluc de bailler Commandement à Monfieur de Bourdeille de maintenir les
Garnifons neceffaires en ce Pays des
Deniers des Tailles & aultres qui ont
efté ordonnez pour la Guerre.

DE remonftrer au Roy comme le Lieutenant de Sarlac a impofé fur fon Ref-
fort la Somme de dix-huict mille Livres, pour recompenfer ceux qui a-
voient reprins la Ville de Sarlac; queft
Caufe que les Deniers, Revenus &
aultres

aultres, ordonnez pour le Faict de la Guerre, ne peuvent estre payez. Quil plaife à Sa Majefté doctroyer Surfeance de la Levée de la-dite Somme jufques à ce que Dieu nous aura donné fa Paix, & aux Habitans Moyen de payer.

ET fi la Paix eftoit faicte, ou fe faifoit pendant le Sejour que le-dit Scindic fera à la Court, faut demander Commiffion pour payer les Arrerages des Garnifons defpuis que la derniere Commiffion eft expediée.

DOBTENIR du Roy Authorifation de la Levée des Chevaulx legiers du Sr. de Paillet à luy ordonnez par Monfieur le Senefchal, & Commiffion pour impofer fur tout le Pays l'Eftappe extraordinaire qui en a efté faicte par les Habitans daulcunes Paroiffes, fuivant la Commiffion de mon-dit Sieur le Senefchal.

PAREILLEMENT obtenir Commiffion du Roy pour impofer les Fraix faicts par les Scindic & Habitans de la Chapelle, fondez pour l'Entretenement des Gens de Guerre, levez & mis fus par Monfieur le Senefchal au Mois de Juillet & Aouft derniers, & le Recou-

vre-

vrement des Chasteaux de Ainar &
Cappel, dont les Piéces sont entre les
Mains de Monsieur de Villeroy.

QUIL plaise sur-tout à Sa Majesté
pourvoir au-dit Sr. Seneschal des Moyens de recepvoir Deniers & Forces
pour la Deffense & Conservation du
Pays, sans le renvoyer devers Monsieur le Mareschal de Montluc.

PAR mesme Moyen, descripre aux
Srs. de Montanès, de Carns, d'Oros,
Aux, des Coutures, de Bonnes, de
Rastigniac, de Puyguilhen, &c. lesquels ont tousjours suivy le-dit Sr. Seneschal, & les remercier du bon Vouloir quils ont à son Service, en attendant que l'Occasion se presente de les
recognoistre par Bienfaicts; & une au-
tre Lettre generale, pour servir à
tous les aultres Gentils-Hommes qui
ont suivy le-dit Sr. Seneschal, affin quils
se contiennent plus voluntairement à
son Service.

REMONSTRER à Sa-dite Majesté, que
le-dit Sr. Seneschal la supplie très-
humblement de luy donner une Compaignie de Cavallerie, affin quil em-
pesche que Langoyran ne fasse la Recolte en ce Pays: aultrement, quil luy
plaise

plaife de luy bailler Congé pcur aller baifer fes Mains , & fervir Monfeigneur fon Maiftre, veu quil a demeuré icy quinze Mois tousjours à fes Defpens ; & quil luy plaife depefcher ledit Scindic le pluftoft quil luy fera poffible , dautant quil eft fort neceffaire icy pour le Bien de fon Service.

* * * * * * * * * * * * * * * * * *
* * * * * * * * * * * * * * * * * *

LETTRE CXX.

DU SEIGNEUR DE BOURDEILLE AU ROY HENRY III,

efcripte le 23 de May 1575.

SIRE,

PAR la Lettre quil vous pleuft mefcripre le dernier Jour de Mars , par le Gentil - Homme que javois lors envoyé devers Voftre Majefté , vous me mandiez , que le Sr. de Ruffec vous avoit efcript , que le Chafteau d'Aubeterre eftoit de grande Importance pour le Pays , & que je y avois mis un Gentil Homme pour le garder.

JE.

JE croy, Sire, quil refvoit lors quil vous manda cela; car, celuy, qui eft dans le-dit Chafteau, sappelle Chamberlanne, lequel y a efté mis, par voftre Commandement, du Temps du feu Roy : & vous peut fouvenir, que, au Partir de la Rochelle, vous donniftes Charge au Comte Galiate de mener les Suiffes, & aultres Gens de Pied, avec quelques Canons au-dit Chafteau d'Aubeterre, & me commandiftes de luy affifter, pour faire rendre le-dit Chafteau le plus doulcement quon pourroit : ce que je fis, & allis trouver le-dict Comte Galiate, & fifmes tant que la Dame du-dit Lieu & fes Enfans rendirent le-dit Chafteau en l'Obeyffance du Roy; & le-dit Comte mit Chamberlanne dedans, avec certain Nombre de Soldats, & leur bailla Commiffion, & le dit Chamberlanne la tousjours gardé defpuis, faifant vivre chafcun de ce Coufté-là en Paix & Tranquillité.

ET, quant à moy, pour ofter beaucoup de Soupçons, javois trouvé Moyen de retirer le-dit Chafteau, fi le feu Roy meuft accordé ce que je luy demandois, & vous auffi, Sire ; &,

dès

dès ce Temps, jay retiré le Fils aifné,
Seigneur du-dit Lieu avec moy, par
Commandement du feu Roy, lequel
me manda quil le vouloit prendre à
fon Service : vous affeurant, quil ma
tousjours fuivy à toutes ces Guerres,
portant les Armes pour le Service de
Voftre Majefté, defirant de le continuer, & demployer fes Biens & Vie
pour ceft Effect, comme je lay bien
pu cognoiftre ; & a auffi bon Commencement de jeune Homme quil eft
poffible, efperant quil vous fera quelque bon Service.

Et, parce que je vois, quon luy
fait Tort en fon Bien, jay confeillé à
fa Mere de lenvoyer devers Voftre
Majefté, affin quil vous faffe entendre
la bonne Volunté quil a de vous faire
Service, & vous dire bien au long
fon Faict. Par-quoy, Sire, je fupplie
très-humblement Voftre Majefté, de
le recepvoir à voftre Service, & luy
faire Juftice, & que fa Requefte, qui
eft très-raifonnable ; luy foit accordée.
Et par ce Moyen vous ferez cognoiftre à ung chafcun voftre grande Mifericorde & Bonté, & le Defir quavez
dentretenir en leur Entier les grandes
Mai-

Maisons comme ceste-là.

On vous fera entendre plus amplement ce que jay fait en cela. Il vous
plaira y mettre Ordre; & le pluftoft
fera le meilleur, pour l'Importance de
ce Chafteau: & crains bien, que, à
cefte Levée des Fruicts, il sy dreffe
des Querelles.

Sur cela, je prieray le Createur,
Sire, quil veuille maintenir voftre
Authorité en toute Profperité, vrais
Honneurs, & très-longue Vie.

De Perigueux ce xxiij. de May 1575.

L E T T R E   C X X I.

Du Seigneur de Bourdeille
a la Reyne-Mere,

efcripte le 23 de May 1575.

Madame,

Il vous pourra reffouvenir, que jay
fouventes fois mandé au feu Roy, &
à vous, l'Importance du Chafteau d'Au-
be-

beterre, & que javois trouvé Moyen de le remettre entre mes Mains, en moctroyant les Moyens dycelluy garder, & aultres Chofes que je demandois, ce qui ne me fut accordé. Toutes-fois, le Sr. de Chamberlanne, auquel il a efté donné en Garde par Commandement du Roy, eftant lors Monfieur en France, la fort bien gardé, & fait vivre tout le Monde en Paix en ce Pays-là; &, defpuis ces Guerres, jay tousjours eu le Fils aifné de la Maifon avec moy, qui a tousjours porté les Armes à tous les Voyages que jay faits, ayant bonne Volunté de continuer le Service quil doibt à vos Majeftez, & de rhabiller les Faultes de fes Predeceffeurs.

Jay confeillé à fa Mere de le vous envoyer, pour vous offrir fon Service, enfemble à Sa Majefté, & remonftrer le Tort quon luy fait en fes Biens. Par-quoy, Madame, il vous plaira ufer de voftre Mifericorde & Bonté accouftumée envers les pouvres Veufves & Orphelins comme luy, affin quil puiffe fe prevaloir dycelle, & luy octroyer la Requefte quil entend vous faire, qui eft plus que raifonable; par le Moyen de laquelle vous remettrez

une

une des bonnes & anciennes Maiſons de ce Pays en ſon Entier.

ET ſur ce je ſupplieray le Crea-teur, Madame, quil veuille mainte-nir voſtre Grandeur & Authorité en toute Proſperité très-heureuſe, & très-longue Vie.

De Perigueux, ce xxiij. de May 1575.

LETTRE CXXII.

DE HENRY, ROY DE NAVARRE, AU SEIGNEUR DE BOUR-DEILLE,

eſcripte de Cadillac, le 1 de Febvrier 1581.

MON COUSIN,

PAR la Depeſche que Monſieur (1) vous fait preſentement, vous cognoiſtrez comme nous travaillons à parachever les Choſes encommencées, vous ayant nommé & commis à l'Execution des

Edicts

(1) Le Duc d'Alençon.

Edicts, Articles, & Conférences de la Seneschauffée de Perigord, & avec vous le Sr. de Campaignac de la Part de la Religion Reformée, afin de proceder tous deux enfemble, & dune commune Main, à l'Effect de ce qui a efté refolu.

ET dautant queftes un des plus zellez, & affectionnez au Bien de la-dite Paix & Tranquillité publique, maffeurant que vous vous employerez fincerement & franchement en fi bonne Oeuvre, je vous prie, mon Coufin fuivant l'Inftruction qui vous eft envoyée, vous acheminer incontinent au Lieu qui vous eft mandé, pour avec le Sr. Campaignac, que vous advertirez, proceder au Faict de voftre Commiffion, & à l'Eftabliffement de ce qui fera neceffaire pour le Repos dung Chafcun foubs l'Obeyffance des Edicts du Roy, mon Seigneur ; en quoy je maffeure que vous vous comporterez avec l'Equité & Droicture requife, & dautant plus fidellement que vous fçavez & cognoiffez le Bien principal de la Paix confifter, non aux Edicts, mais en l'Execution dyceux ; ce que nous attendons de vous, avec un bon & ample Procès verbal de tout ce que ferez.

ET

ET, fur ce, je prieray Dieu, mon Coufin, vous avoir en fa faincte & digne Garde.

De Cadillac, ce premier Jour de Febvrier 1581.

Signé, Voftre bien affectionné Coufin HENRY.

Et au Dos : A mon Coufin Monfieur de BOURDEILLE, Chevalier de l'Ordre du Roy, mon Seigneur, Capitaine de cinquante Hommes d'Armes de fes Ordonnances, & Senefchal de Perigord.

LETTRE CXXIII.

DE HENRY, ROY DE NAVARRE, AU SEIGNEUR DE BOURDEILLE,

efcripte de Néracle 10 *d'Aouft* 1581.

MON COUSIN,

JAY efté fort ayfe dentendre de la bonne Affection & Diligence que vous avez monftrée defpuis la Prinfe de Périgueux, pour empefcher ou moderer les mauvais Effects des Preneurs contre ceulx qui eftoient dedans, dont

Tome XIV.   Q   je

je vous remercie : mais, je fuis fort
marry davoir fçeu que voftre bonne
Intention na pu eftre effective felon
voftre Deffeing, dautant que la plufpart des Maifons de ceulx de la Religion ont efté pillées & faccagées, &
plufieurs faicts Prifonniers : & y en a
encore, aufquels on veut faire payer
Rançon, comme on a desjà faict
faire aux aultres, entre lefquels eft le
Sr. Sauliere, quon ne veult eflargir
fans cela, quelque grande Perte quil
ait faicte de fes Meubles & Tiltres;
qui feroit fon entiere & totale Rui-
ne, & de celle de fes Enfans.

JE ne puis croire, que le Roy mon
Seigneur ne reprouve grandement
la Prinfe de la-dicte Ville, comme
eftant advenue par trop grand Atten-
tat, faict au Prejudice de fon Service,
& de la Paix & Tranquillité publique.

JE ne puis auffi, pour mon Debvoir & pour mon Honneur, (mayant
la-dicte Ville efté donnée en Garde
comme une des principalles Seuretez
de ceulx de la Religion de Guyenne,
qui desjà men ont faict de grandes
Plainctes,) que je nen pourfuive la Raifon & Reparation envers Sa Majefté.

PUISQUE ce Faict concerne tout un
Général, duquel jay la Charge, il me
feroit

feroit fort mal convenable, fi jen voulois faire mon Propre particulier, comme vous defirez que je faffe, en me priant de pardonner & oubliant telle Faute. C'eft au Roy, mondict Seigneur, comme celuy, qui, pour le Bien & Repos de fon Royaulme, y a le principal Intéreft, de pourveoir fur ce Poinct.

JE vous prie donc, mon Coufin, confiderer, que je ne puis aultre Chofe là-deffus, que dattendre la Volunté & Intention de Sa Majefté, pour me ranger & conformer felon ycelle. Cependant, puifqu'il y a encore dedans la Ville des Prifonniers, & plufieurs Meubles pillés appartenant à ceulx de la-dicte Religion, je vous prie derechef faire le tout rendre, & mettre en Liberté tous les-dits Prifonniers, principalement le-dict Sauliere; deforte quil nen puiffe eftre faict aulcune plus grande Plaincte.

JE maffeure, que, comme vous avez faict delivrer la Fourcade & Charon, vous pouvez en faire le femblable du-dict Sauliere & aultres Prifonniers, & leur faire reftituer ce que pris leur a efté. Ceft Chofe qui depend de voftre Pouvoir & Authorité, & dont vous vous devez faire croire.

Q 2

EN

EN ce faisant, vous ferez beaucoup pour les Preneurs & Detenteurs,
en ce que par ce Moyen leur Faulte
fera eftimée moins griefve : & je
maffeure, que ce fera Chofe fort
agreable à Sa-dicte Majefté; & jen
recevray un tel Plaifir & Contentement, que je ne fauldray de men
fouvenir pour men revancher en voftre Endroict, soffrant l'Occafion.

ET, efperant quainfi le ferez, je prieray le Créateur vous avoir, mon Coufin,
en fa très-faincte & digne Garde.

Efcript à Nérac, le x d'Aouft 1581.

DESPUIS la prefente efcripte, jay
reçeu une Lettre du Roy fur la-dicte
Prinfe, laquelle il reprouve, comme
vous verrez quil vouldroit dautant plus
exciter à moyenner la Délivrance du-
dict Sauliere, & Reftitution de ce qui
a efté pris & pillé. Je vous envoye
Copie de la-dicte Lettre, afin que
vous foyez auffi inftruict des aultres
Particularitez y contenues.

Signé, Voftre bon Coufin & affectionné Amy, HENRY.

www.ingramcontent.com/pod-product-compliance
Lightning Source LLC
LaVergne TN
LVHW021218170726
843501LV00003B/570